可持续外派管理研究

王雁南 ◎ 著

基于总部和外派个人的双重视角

中国财经出版传媒集团
中国财政经济出版社

图书在版编目（CIP）数据

可持续外派管理研究：基于总部和外派个人的双重视角／王雁南著. --北京：中国财政经济出版社，2023.9

ISBN 978-7-5223-2374-9

Ⅰ.①可… Ⅱ.①王… Ⅲ.①跨国公司-企业管理-人力资源管理-研究 Ⅳ.①F276.7

中国国家版本馆CIP数据核字（2023）第141754号

责任编辑：王　芳　董小烨　　　　责任校对：徐艳丽

封面设计：陈宇琰　　　　责任印制：张　健

可持续外派管理研究：基于总部和外派个人的双重视角

KECHIXU WAIPAI GUANLI YANJIU：

JIYU ZONGBU HE WAIPAI GEREN DE SHUANGCHONG SHIJIAO

中国财政经济出版社 出版

URL：http：//www.cfeph.cn

E-mail：cfeph@cfeph.cn

社址：北京市海淀区阜成路甲28号　邮政编码：100142

营销中心电话：010-88191522

天猫网店：中国财政经济出版社旗舰店

网址：https：//zgczjjcbs.tmall.com

北京财经印刷厂印刷　各地新华书店经销

成品尺寸：170mm×240mm　16开　12印张　178 000字

2023年10月第1版　2023年10月北京第1次印刷

定价：76.00元

ISBN 978-7-5223-2374-9

（图书出现印装问题，本社负责调换，电话：010-88190548）

本社质量投诉电话：010-88190744

打击盗版举报热线：010-88191661　QQ：2242791300

前　言

随着经济全球化不断加深，中国企业向海外市场不断探索，跨国企业数量逐年增多，与此同时，外派人员也逐渐成为管理学领域研究的热点。外派人员是企业实现国际竞争的重要战略资源，也是海外子公司维持运营、进行决策的重要依靠。新时代，国家和社会更加关心企业对社会责任的承担，与此同时，新生代员工群体进入外派队伍，也对自身工作寄予了很高的心理期待。在这些因素的影响下，如何可持续发展，平衡经济效益、社会效益和员工发展效益，是摆在中国跨国企业经营者面前的难题。本书因此提出可持续外派管理的理念，认为外派人员在追求自身幸福和海外子公司永续发展的经营过程中，既促进了经济绩效增长，又推动了海外子公司履行企业社会责任，兼顾经济、社会和个人发展要求，配合企业走上可持续发展的道路。

本书通过文献综述对外派研究范围内的相关理论进行回顾，梳理和分析了外派相关概念的定义和研究范畴；通过文献回顾，把握现有研究脉络，为进一步研究作好理论铺垫。本书以2017—2018年中国93家跨国企业280份外派人员问卷数据为样本，从经济绩效、社会责任、个人幸福三个角度切入，结合不同理论视角，提出相关假设，进行了三个定量分析研究。三个研究揭示中国跨国企业可持续外派管理的实现机制和过程，探索了可持续外派管理的理论依据和实践意义，尝试从外派人员层面对企业关注的可持续发展相关的问题进行解答，促进外派研究领域理论化、全面化、系统化地看待外派管理问题。

研究一关注外派人员高绩效工作系统、外派人员跨文化能力与海外子公司绩效及自主性的关系。基于“能力—动机—机会”理论框架和制度双元理论相关内容，以 2017—2018 年中国 93 家跨国企业 280 份外派人员问卷数据为样本，使用结构方程模型提出假设，验证总部实施的外派高绩效工作系统与海外子公司绩效表现和自主性表现的关系，并验证外派人员跨文化能力在此过程中的作用。研究结果表明，外派高绩效工作系统的实施对海外子公司绩效有直接的促进作用，对海外子公司自主性有间接的促进作用，这种正向影响需要通过外派人员跨文化能力的发挥来实现。同时，外派人员跨文化能力也在总部实施外派高绩效工作系统的过程中对海外子公司绩效起中介作用，其方式为部分中介效应。

研究二关注总部战略承诺、外派人员工作承诺与海外子公司企业社会责任的关系。基于个人—环境视角和制度合法性观点，以问卷数据为样本，使用多元逐层回归的分析方法研究总部国际化承诺、本地化承诺与海外子公司履行企业社会责任的关系，并检验外派人员组织承诺在此过程中的作用。通过对假设的回归分析，发现中国跨国企业的国际化承诺通过影响外派人员的组织承诺来进一步延伸，这驱动了海外子公司履行和承担企业社会责任。本地化承诺直接驱动了海外子公司承担企业社会责任。

研究三关注外派人员工作角色转变、工作责任转变与个人幸福感之间的关系。基于资源保存理论，以问卷数据为样本，通过多元逐层回归的分析方法研究外派人员工作角色转变、工作责任转变与个人幸福感之间的关系，并检验组织支持感和外派适应对以上关系的调节作用。根据回归结果分析，发现工作角色转变与外派人员主观幸福感呈正相关关系；工作责任转变与外派人员工作幸福感呈正“U”型关系；组织支持感和外派适应正向调节工作角色转变与主观幸福感之间的正相关关系；组织支持感正向调节工作责任转变与主观幸福感之间的“U”型关系。

本书从实践和理论两个角度对研究结果进行了讨论，认为中国跨国企业重视可持续发展的理念，通过组织层面和个人层面的互相配合激活可持续外派管理的作用机制，能够有效地统筹兼顾经济发展、社会发展和个人发展的共同诉求，也有助于外派个人保障自身利益，在实施外派任务的过程中，促进子公司在东道国良性永续发展。同时，本书对研究中存在的局限进行了思考和剖析，从完善可持续外派管理研究的角度出发，对未来的研究工作作出了具体规划。

作者

2023 年 6 月

目　　录

第 1 章　绪论　／　1

1.1　研究背景　／　3
1.2　研究目的与研究意义　／　7
1.3　研究内容、技术路线图与创新点　／　10
1.4　章节安排　／　17

第 2 章　文献综述　／　19

2.1　相关理论　／　21
2.2　外派人员相关概念　／　36
2.3　可持续发展相关概念　／　45

第 3 章　研究方法　／　53

3.1　研究设计　／　55
3.2　信度效度检验　／　60
3.3　假设检验分析　／　62

第 4 章　高绩效工作系统、外派人员跨文化能力与子公司绩效及自主性的关系研究　／　63

4.1　研究问题提出　／　65
4.2　理论分析　／　66
4.3　研究假设　／　68
4.4　研究方法　／　73
4.5　研究结论　／　83

第 5 章　总部战略承诺、外派人员组织承诺与子公司企业社会责任的关系研究　/　85

5.1　研究问题　/　87
5.2　理论分析　/　89
5.3　假设提出　/　93
5.4　研究方法　/　96
5.5　研究结论　/　105

第 6 章　工作角色转变、工作责任转变与外派幸福感的关系研究——以组织支持感、外派适应为调节变量　/　109

6.1　研究问题　/　111
6.2　理论分析　/　112
6.3　研究假设　/　114
6.4　研究方法　/　118
6.5　研究结论　/　130

第 7 章　研究结论和启示　/　133

7.1　研究结论　/　135
7.2　理论贡献　/　136
7.3　研究启示　/　138
7.4　研究局限和未来研究方向　/　140

参考文献　/　142
附　录　/　179

第一章

绪　　论

1.1 研究背景

1.1.1 解决外派问题的必要性

随着“一带一路”建设倡议的提出，中国企业参与国际化的程度不断加深，跨国企业的数量和海外派遣的人数不断增多。“共商、共建、共享”指导原则不仅推动着全球经济的深化调整，带动了地区间开放共赢的发展风向，还影响着中国企业的经营机制、管理水平、企业社会责任等方面，对中国跨国企业国际化提出新的要求。经营合规、环境保护、互惠合作为核心的企业社会责任逐渐受到关注，成为中国跨国企业在追求经济绩效同时兼顾发展的推进重点。如何在国际竞争中履行好企业社会责任是中国跨国企业需要回答的新问题。在这些热点问题的影响下，外派人员在职业选择方向上表现出了对社会责任的关注（Huang 等，2018）。具有社会担当、环境友好形象的企业，对员工求职更有吸引力，外派留任率较高，企业和外派人员粘性也更强（Edwards 和 Rees，2016；Rui、Zhang 和 Shipman，2017）。同时，在外派群体中，“90 后”青年一代的外派人数逐渐增多，新生代员工比例上升。新生代员工具有自主意识强、创新创造思维活跃、价值取向多元的特点。从外派的总体人数来看，截至 2018 年年底，中国在海外工作人数达 996800 人（CNBS，2019）。2013—2017 年，中国企业走向“一带一路”国家和地区，共在当地参与了 75 个经贸区合作，为东道国创造 220 亿美元的纳税（CNBS，2019）。高速增长的中国对外投资对东道国经济作出了贡献。但是，中国跨国企业的三重劣势依然存在（Cooke、Wood、Wang 和 Veen，2019；Johanson 和 Vahlne，2009；Luo 和 Rui，2009）；中国企业扭转社会责任形象的努力也因东道国国民认同感较低（Cui 和 Jiang，2012）而遇冷。外派人数不断增长，国际外派任务越来越复杂，外派人口特征出现新变化，多种新旧问题交织，亟待找到解决中国外派人员管理难题的新方法（Cooke Wood、Wang 等，2019；Gao、Liu 和 Zou，2013；Zhu、Thomson 和 Cieri，2008）。

因此，探索一种有效的国际人力资源管理途径对于新兴跨国企业的存活和可持续发展至关重要（Chang 等，2012；Cooke 等，2015）。库克等学者（2019）指出，在过去的 20 年内，随着全球化的发展，国际人力资源管理系统产生了丰富的研究话题和新颖的研究视角，海外派遣人员管理问题（如新兴市场国家跨国企业人员配置战略等问题）依然是值得关注的研究话题（Cooke、Wood、Wang 和 Veen，2019；Thite、Wilkinson 和 Shah，2012；Wilkinson、Wood 和 Demirbag，2014）。

1.1.2 发展外派理论的必要性

可持续发展的观点认为，过去依靠提升组织的经济绩效和延长盈利周期（Porter 和 Millar，1985）的取向，虽然带来了巨大的社会经济增效，但是，忽视了对其他利益相关者的影响，造成生态环境破坏、社会发展不平衡，这种偏重经济效益的做法，并不能促进企业的持续成长和发展（Redclift，2002）。要解决在发展中遇到的问题，就要统筹好发展的目的，全面考虑社会、企业、个人和环境生态的共同发展需求。平衡发展不仅是企业战略管理需要思考解决的问题，从外派人员面临的职业挑战来看，也需要用可持续发展的思维方式，解决外派中的多方管理要求和发展要求。

在实践中，中国企业积极响应“一带一路”倡议，在“走出去”和“引进来”的过程中不断合理化企业的价值诉求，搭建“共享、共商、共建”的价值分配结构，将企业社会责任深化嵌入中国跨国企业在海外市场经营管理活动的价值链中（祝继高、王谊、汤谷良，2019）。外派人员是连接总部、海外子公司、东道国社会的重要纽带，其工作情境中需要平衡东道国方面的获得感、捕捉各方的利益交汇点（Cooke、Wood、Wang 和 Veen，2019），促进海外子公司积极履行人力资源的属地化管理，促使其经营活动合规，重视环境效益和社会效益，在合作中互惠互利，通过履行社会责任实现共赢。

回顾人力资源基本理论，平衡的思维贯穿于“能力—动机—机会”理论框架的始终。基于“能力—动机—机会”框架的基本观点，外派人员个人的能力、动机和机会协调提升才是调动人才要素、发挥最佳效果的根本途径（Pauuwe 和 Boselie，2003）。本研究借鉴可持续发展目标的构建维度来回应中国跨国企业外派的挑战。在中国跨国企业海外公司中，外派人员肩负促进海外子公司经济发展的使命，经济绩效发展是海外子公司承担社会责任的基本条件，经济绩效和东道国社会的平衡发展，是维持外派人员幸福感的重要保证。因而有必要发展中国跨国企业可持续外派管理的多维度理念。基于此，本研究提出中国跨国企业可持续外派管理理念的定义：外派人员追求个人幸福和海外子公司永续发展的经营过程中，既要帮助海外子公司创造经济绩效，又要促进海外子公司履行企业社会责任。用理论指导中国外派管理实践，回答中国外派实践的新问题。

可持续发展不仅影响中国经济健康良性发展，也对企业永续经营意义重大。现有文献大多研究外派管理的影响因素（Fan 等，2013；Faulconbridge，2010）或从不同层面提出跨国企业海外经营过程中外派管理对于企业经济绩效的重要作用（Benito、Petersen 和 Welch，2015；Colakoglu 和 Caligiuri，2008；Tan 和 Mahoney，2006）。然而，对于中国跨国企业的海外子公司而言，企业的经济绩效已不再是唯一的绩效标准（Xu、Pan 和 Beamish，2004），企业需要从国际市场获得可持续社会价值资源，从而为企业能够长期发展赢得机会。可持续观点还强调，企业协调好外部环境，做到经济效益提升（Agle 等，1999）、社会关系公平兼顾、合理利用各类自然资源与人力资源（Xu、Pan 和 Beamish，2004）、有序发展不盲目、遵循市场经济规律，这才会使企业在未来能够长时间取得良好经济效益（López 等，2007），为组织带来可持续的国际化优势（Adams 和 Zutshi，2004；Frooman，1999）。

1.1.3 掌握外派新特点的必要性

从企业内部着眼，人力资源是维持企业在海外市场中持续发展的坚定动力，因此，要重视跨国企业外派人员的管理和运用，促进人才资源和企业发展的协调同步。跨国企业在管理中要掌握外派人员的基本特性，根据国情民情合理制定管理规划，通过外派管理系统调动和发挥外派人员在海外子公司作用，更好地促进并保持海外子公司经济和社会绩效的可持续发展。

我国外派人员的基本特征符合国家人口在不同时期的基本情况，又有其独特性。外派人力资源受工作发展要求影响，具有特殊的人口特征。相较于其他国内行业或工作种类，外派人员群体中男性比例高于女性；外派人员相较于国内其他行业或工作种类，员工年龄超过50岁的情况极少。此外，根据我国2010年第六次人口普查结果，1965—1979年出生的群体为就业主力，占总比例的39.66%（CNBS，2019）。2010年，“80后”就业人数仅占总人数的25.52%（CNBS，2019），随着时间交替，“00后”逐渐进入员工队伍，将进一步扩大青年员工数量。因此，更要对新生代员工特性加以分析，发挥新生代员工的人力资源作用，寻找开发其潜能的可能。

在网络科技覆盖全球环境中成长的“90后”和“00后”，对信息的获取和利用更加充分灵活，教育背景普遍较高（申艳娥等，2017），同时，新生代员工多为独生子女，自我意识强，自主意识凸显，对领导不盲从（阎亮，2016）。新生代员工对待职业选择，不仅考察薪酬情况，更关注企业氛围与个人价值的实现，注重企业形象和企业的社会责任（任华亮、杨东涛、彭征安，2015）。在个人价值感方面，新生代员工强调职业的幸福感与职业发展相统一（申艳娥等，2017）。但是，上述员工特征还没有得到充分的分析和重视。

在企业背景方面，由于跨文化的工作情境，中国跨国企业往往面临着内部国际化人才资源短缺的情况，并不是所有中国跨国企业都能选择对人力资源结构和布置进行合理的“最优配置”（Fan等，2016）。研究指出，即使在同一个行业中，企业与企业间的国际人力资源管理活动也存在很大差异，但具有不同资源配置的企业都有可能取得较好的绩效表现（Fan等，2016；Fiss，2011；Misangyi等，2016）。因此，在初始资源不同且路径配置有差异的情况下，中国跨国企业如何通过可持续人力资源管理中的不同维度实现绩效最优？中国跨国企业外派管理对其海外子公司社会绩效和经济绩效的影响如何？子公司中个人层面的心理因素对外派管理的关联作用如何？上述中国跨国企业可持续外派管理的问题在目前研究中没有得到足够的关注。

综上所述，本研究根据中国跨国企业问题和中国外派人员发展特点，结合可持续发展观点，围绕外派过程中企业经济价值、社会价值和个人价值的发展需要，提出可持续外派管理的概念：外派人员追求个人幸福和海外子公司永续发展的经营过程中，通过帮助海外子公司创造经济绩效增长，促进海外子公司履行企业社会责任，全面实现经济可持续发展、社会可持续发展及个人可持续发展的外派人员管理战略。在中国跨国企业海外公司中，外派人员肩负着促进海外子公司经济发展的使命，经济绩效发展是海外子公司承担社会责任的基本条件，经济绩效和东道国社会的平衡发展是维持外派人员幸福感的重要保证。因此，本研究以“能力—动机—机会”（Ability - Motivation - Opportunity；AMO）理论框架为基础，从外派人员创造经济绩效的能力、承担社会责任行为的动机和提高个人幸福感的机会这三个方面出发，同时关注海外子公司的社会、经济和个人可持续发展的路径和机制。

1.2 研究目的与研究意义

1.2.1 研究目的

基于外派问题在理论和实践中的重要性以及可持续外派管理对于已有外派理论的发展和延伸，本研究期望从总部和外派个人的双重视角出发，对该问题进行具体探索和分析。从经济绩效、社会绩效和员工幸福感不同维度出发，具体分为以下三方面：第一，从制度双元性和“能力—动机—机会”理论出发，探究总部组织层面的外派员工高绩效工作系统和外派员工个人层面的跨文化能力如何影响子公司自主性及绩效；第二，从制度理论和个人—环境匹配视角，探究总部组织层面的战略承诺和外派员工个人层面的组织承诺如何影响子公司在东道国企业社会责任的履行；第三，从资源保存理论出发，探究外派员工个人层面的工作转变、外派适应和总部层面的组织支持如何影响外派员工的幸福感。

本研究主要从企业总部和外派员工个人角度出发，试图回答以下三个问题：

第一，企业总部什么样的工作系统设计、外派员工什么样的能力更能促进子公司提高企业绩效、增强企业自主性？

第二，总部组织层面的何种战略承诺能够与外派员工个人的组织承诺相结合，从而更好地促进子公司在东道国履行社会责任？

第三，外派员工的工作角色、责任转变如何影响个人幸福感？组织支持和个人的外派适应程度在其中起到什么作用？

1.2.2 研究意义

（1）实践意义

首先，本书回应了中国跨国企业外派管理所面临的紧迫问题。根据统计，2003—2013 年，中国对外直接投资流量由 28.5 亿美元增长到 1078.4 亿美元，增长近 40 倍（CNBS，2019）。截至 2018 年年底，中国在海外工作人数达 996800 人（CNBS，2019）。随着国际化加深，“走出去”去到的国家越来越多，“走出去”的外派人员队伍越来越大。而中国跨国公司快速发展的同时，也遇到了许多新问题，比如制度压力下，对企业需要承担社会责任的要求越来越高，中国外派人员结构年轻化，对心理健康、生活幸福感的要求提升。同时面对传统问题与新要求的不断交织，外派管理遇到了前所未有的难题。在总部组织层面，本书回答了怎样的组织设计、战略承诺和支持可以帮助实现可持续外派管理；在外派员工层面，本书回答了怎样的能力、承诺动机和适应机会可以帮助实现可持续外派管理。从企业实践的角度来看，可持续的外派管理需要企业和个人的共同协作，因此不同的情境下可持续外派作用机制的厘清和明确，对于企业构建工作系统、提升子公司绩效、提高社会效益和员工幸福感，具有较强的现实意义和指导作用。

其次，本书基于可持续发展观点和外派管理特征，细化了可持续外派管理的三个方面，既强调了经济绩效，又平衡照顾了企业承担社会责任的需要。然而，还有一些企业受限于自身发展，无暇顾及企业社会责任的履行和承担。本研究通过强调企业社会责任的重要性，唤起中国企业对社会责任的关注以及对企业自身可持续发展的关注。本书还将个体层面的幸福感作为可持续外派管理追寻的重要方面，有利于外派人员和跨国企业关注员工心理健康，便于判断员工的发展是否遇到阻碍，因此，有助于中国跨国公司海外派遣发挥整体性作用，促进外派人员的发展与幸福，降低外派失败的可能性。

最后，本书提出的外派可持续发展管理，将经济绩效、企业社会责任和外派人员幸福感全面联系起来。这将为中国跨国企业的管理者提供新的三位一体的战略规划思路。统筹协调经济绩效、社会绩效和个人幸福，促进企业在可持续管理和可持续发展的道路上合理经营、均衡发展、越走越远。

（2）理论意义

第一，本书拓展了可持续发展的研究范围，提出了针对中国跨国企业外派的可持续管理，是对可持续发展相关理论的延伸，也是将可持续发展与外派管理嫁接结合的新尝试。从可持续发展的角度，本书关注外派人员对子公司经济绩效、社会责任以及自身幸福感的平衡兼顾，并结合问卷收集的实际数据进行实证研究。这不仅增强了国际人力资源管理研究和可持续管理视角之间的联系，同时也为国际商务与人力资源管理的研究提供新的研究思路。

第二，本书从总部及企业外派人员个人两个层面出发，在研究中构建了组织和员工两个层面的概念，从组织提供的工作系统设计、战略承诺、支持等以及个人的能力、承诺动机、适应机会等多个方面，对可持续外派管理的作用机制进行了深入剖析，一定程度上对如何进行可持续外派管理这一关键问题给出了总部组织和外派员工两个方面的回答，丰富了对外派问题的现有研究，为该问题的进一步探索提供了总部和员工双视角的思考方式。

第三，本研究总体上从经济绩效、社会绩效、个人幸福感三个方面，对可持续外派管理问题进行了探索，将什么是可持续外派管理进一步具体化、细致化，基于经济、社会和个人不同维度的研究一定程度上也为外派这一问题提供了新的视角，为国际人力资源管理研究和可持续管理提供了宏观、中观、微观相结合的视角和思路。

1.3 研究内容、技术路线图与创新点

1.3.1 研究内容

本书的核心目的是从可持续发展的视角来分析中国跨国企业外派人员相关能力、动机和机会对可持续外派管理维度下的海外子公司经济绩效、企业社会责任以及外派个人幸福感的影响。为了达到研究目的，本书首先梳理文献及理论，对可持续发展以及外派管理的文献进行梳理分析。一方面明确现有研究成果和相关理论概念，另一方面基于当前研究，为随后的定量研究进行铺垫。在此基础上，通过发放问卷对外派人员相关变量进行测量，然后通过实证研究进行探索。

具体内容展开如下：

（1）高绩效工作系统、外派人员跨文化能力与子公司绩效及自主性的关系研究

通过问卷调研法，采用成熟量表对外派人员的相关数据进行收集，并

对变量进行测量，从而探索其内部机制。本研究为定量分析研究，从海外子公司双元压力着眼，探讨中国跨国企业外派人员在制度双元情境下，如何帮助海外子公司获得合法性，了解以跨文化能力为中介变量的中国外派高绩效工作管理系统，构建其对海外子公司的绩效及自主性的影响模型。AMO框架作为高绩效工作系统，对实现员工绩效和相关表现的作用影响巨大，然而其作用未得到充分的理解和重视，本书试图回答以下研究问题：高绩效工作系统能否回应制度双元压力要求？高绩效工作系统能否兼顾海外子公司对绩效和自主性的发展诉求？跨文化能力在此过程中发挥了怎样的作用？

（2）总部战略承诺、外派人员组织承诺与子公司企业社会责任的关系研究

本研究为定量研究，从问卷中选取相关变量进行回归检测，探究其关系。从个人—环境匹配视角出发，结合制度理论，探讨海外子公司履行企业社会责任的前因性问题，探索国际化战略承诺和本地化战略承诺如何影响中国跨国企业履行企业社会责任。结合时代背景，在“一带一路”倡议下，中国跨国企业在构建人类命运共同体的舞台上，不断探索前行，将履行企业社会责任从战略层面纳入跨国发展的战略价值结构中，重视与东道国的共享、共建、共同发展。因此，挖掘外派人力资源的正向价值，促进海外子公司履行企业社会责任的重要性迅速凸显。外派人员组织承诺与内在动机紧密相关，都关注人员深层次的成就需要，能激发自我兴趣、成就动机和内部精神动力使外派人员表现出积极的心态和行为。因此，海外子公司履行企业社会责任时，有必要对外派人员说明他们在其中的作用，并对这样做的影响机制进行发掘和探讨。

（3）工作角色转变、工作责任转变与幸福感的关系研究——以组织支持感、外派适应作为调节变量

可持续外派管理是兼顾企业海外子公司经济可持续发展、社会可持续发展及个人可持续发展的外派人员战略管理方式。在可持续外派管理体系之下，社会、企业与个人的利益是相互交织、融合互利的。因此，不应忽视外派人员个人在东道国工作环境中的幸福感。本研究基于资源保存理

论，从微观层面着眼分析外派人员在处理和应对压力的过程中，压力对幸福感的影响以及组织支持感和外派适应的调节作用。本书提出外派人员的压力来源并不是单一的，可根据资源保存理论区分为带来增益的工作角色转变和导致损耗的工作责任转变。两种压力源贯穿于外派过程的始终，在跨文化情境下与外派人员共存，长期影响着外派人员的职业幸福感。因此有必要深入研究两种压力来源对外派人员幸福感的影响机制。

综上所述，本书从创造经济绩效的能力、承担社会责任的动机和提高个人幸福感的机会三个角度出发，对可持续外派管理进行全面的研究，研究整体结构见图 1 –1。

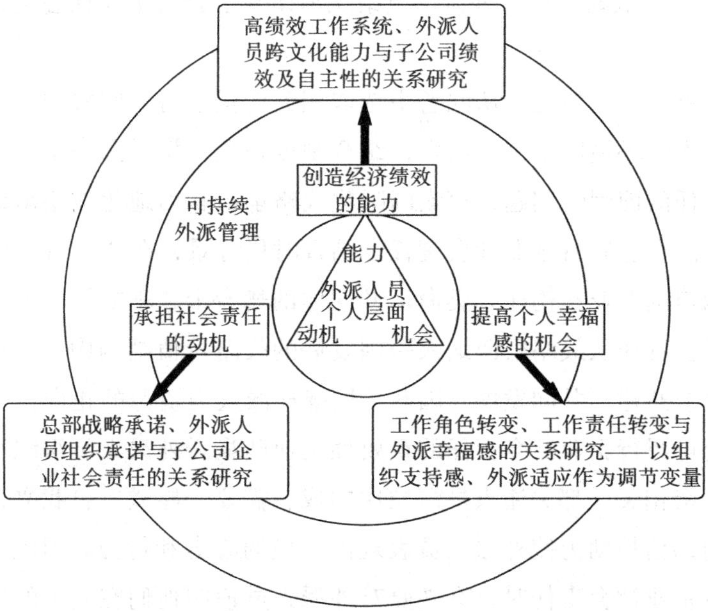

图 1 –1 研究结构关系

1.3.2 研究方法

从研究目的和实际研究需要出发，本书拟采用理论研究与实证研究相结合的方法对中国跨国企业可持续外派管理的相关问题进行研究。在文献归纳整理的基础上，建立理论模型进行定量分析，为了使研究具有代表性，本书选择中国跨国企业为研究情境，这是因为中国企业国际化的过程中，中国企业向海外派遣了大量工作人员，充足样本数量的外派人员和运营管理海外子公司的现实经验可以为本书的假设检验提供理想的研究样本。

具体而言，首先，在理论研究部分，本书在对“能力—动机—机会”理论的掌握基础上，全面了解外派研究现在的理论进展，通过文献分析、归纳演绎的方法形成本研究的理论背景。其次，借鉴可持续发展相关研究，构建中国跨国企业可持续外派管理理论的三个维度——创造经济绩效、承担企业社会责任、提高个人幸福感。在定量研究部分将通过文献归纳，选取变量与确定变量维度，制定具有可操作化的量表。以直接发放、网络发放、邮件寄送的方式收集样本数据，采用结构方程模型、多元回归分析法和 Bootstrap 方法来对理论模型和研究假设进行检验。最后，根据检验结果，归纳总结研究对理论的贡献，并结合实际提出符合中国跨国企业实际情况的策略建议。

本书采用的研究方法如下：

（1）文献研究法

围绕外派管理相关理论，对资料和文献进行收集，形成文献库，并对文献库进行分类。对重点文献进行归纳、梳理，通过文献脉络的整理，形成对中国跨国企业外派管理的理解基础。通过对文献理论脉络的把握，关注问题的交汇点，确定外派管理研究的文献缺口。

（2）理论分析法

在文献回顾的基础上，对外派管理相关关键理论、“能力—动机—机会”模型以及可持续发展相关理论进行重点分析，结合中国跨国企业关注的重点问题，借鉴西方已有研究，最终形成本研究的基本理论观点，提出了中国跨国企业外派管理系统。

（3）问卷调查法

在文献研究的基础上，将着手进行调查问卷设计，对中国跨国企业进行抽样调查。选取国家发改委对外投资备案企业作为主要的考察目标，收集了企业在发改委备案的公司规模、子公司规模、员工人数和海外经验，保证发放问卷对象所在的企业实际在海外经营子公司并派驻外派人员进行管理和运营，从中筛选出93家符合这一标准的企业，企业样本包括央企、国企和民营企业，涵盖制造业、能源、矿业、建筑、金融、服务、信息技术、出版等领域。本研究对这93家中国跨国公司的海外子公司以及这些子公司中的中方外派雇员和外派经理发放问卷。

样本选择遵循如下标准：一是所有样本企业必须是拥有海外子公司的中国跨国企业；二是所有样本企业必须拥有海外派遣员工和有海外工作经验的外派经理。初步预估样本数量应为200—400个。本研究的目标是在员工层面至少采集300份有效问卷，在管理层至少采集150份有效问卷。通过问卷数据，本研究可以获得新兴市场企业关于海外员工派遣、跨企业适应性以及感知东道国制度环境因素的一手数据，从而为研究一、研究二和研究三的实证分析打下坚实基础。

（4）实证研究法

首先，运用SPSS 22.0统计软件对收集的有效问卷数据进行描述性统计分析。其次，采用SPSS 22.0和AMOS 22.0等统计软件对研究变量的测量量表分别进行探索性因子分析和验证性因子分析，以检验测量量表的信度和效度。最后，在模型检验中，运用AMOS 22.0进行结构方程分析，运用SPSS 22.0软件进行多元回归检验并分析。

1.3.3 技术路线图

本研究的技术路线严格遵循研究问题确立、研究思路构造、理论模型构建、问卷调查、数据分析、结果讨论的研究规划，主要包括绪论阶段、理论研究阶段、模型研究阶段、实证研究阶段和策略研究阶段。本书的技术路线如图1-2所示。

1.3.4 研究创新点

目前，讨论多集中于外派人员在东道国的适应管理，对外派管理体系

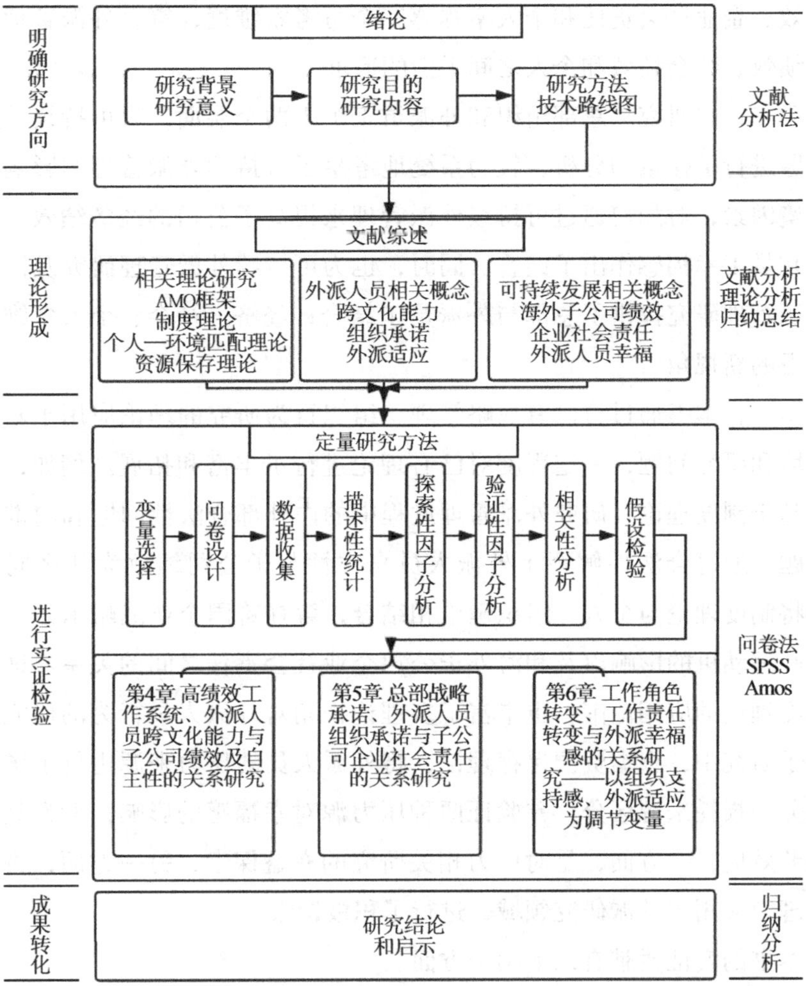

图1-2 技术路线

的系统性研究比较少见，对外派人员管理与企业社会责任之间的研究也较少，现有研究多关注海外子公司绩效方面的前因性。因此，本书主要的理论贡献有如下三个方面。

第一，本书发展了现有可持续发展与外派人员管理职级的关系的研究，一方面，拓宽了可持续理论的适用研究范围；另一方面，将可持续发展的三个维度与子公司情境下的管理实际相结合，对可持续理论维度进行修改完善，使其更符合外派管理的实际情况。具体而言，系统性地提出经济绩效、企业社会责任和个人幸福感三个可考察维度，符合外派管理中对经济绩效、社会绩效和个人之间平衡的追求。

第二，本研究从总部组织和外派员工个人两个层面，对可持续外派管理问题进行了探索和分析，较为系统地考察了可持续外派管理的影响机制及情境因素，对如何通过可持续外派管理来提高子公司的经济绩效、社会绩效和员工幸福感作出了回答。同时，也为可持续外派管理研究及国际人力资源管理研究提供了总部与外派员工结合，经济、社会、个人多维度综合考虑的新视角。

第三，本书通过将已有战略管理、组织行为研究的理论应用于新的研究情境和研究问题，一定程度对已有理论进行了丰富和拓展。例如，子研究一基于制度理论，研究外派管理过程中的内外部合法性问题和向谁同构的问题。通过合法性解释了外派人员自主性与子公司绩效为什么同等重要；将制度理论与个人—组织理论相结合，解释跨国企业战略承诺对外派人员心理动机的影响以及和海外子公司企业社会责任之间的关系。这丰富了制度理论的应用范围，也丰富了多理论视角对外派人员行为的研究。在另一子研究中，根据资源保存理论，将外派人员的压力来源进行了增益来源区分和损耗来源区分，并验证两种压力源对幸福感的影响；考察其边界的调节效应，一方面，是对压力相关研究的有益探索，另一方面，将资源保存理论应用于外派研究领域，进行了积极探索。

本书的实证贡献有以下两个方面。

第一，实现了对可持续外派管理的多层次、多维度考察。以往的研究局限于对某一行业跨国企业的考察，本研究采用访谈与问卷数据，从93家跨国企业的母公司和海外子公司出发进行跨层级、跨时段、跨行业的动态考察，研究结果具有更高的普适性与实效性，是对中国跨国企业可持续外派管理实证研究的延展与丰富。

第二，以往基于外派压力的研究往往使用相关性方法，将人力资源活动与压力的关系视为简单的线性组合，并认为在某一特定的情境中，存在唯一的最优人力资源组合。而事实上，人力资源管理是一个是复杂程度高且维度多元的系统，传统的研究并不能很好地解释人力资源管理系统内部不同配置因素间的协同作用以及这些配置如何对人类资源管理的结果产生影响。此外，在人力资源管理实践中，存在着适度的原则，不应将其单纯视为线性联系。因此，本研究发现了工作责任转变时压力源对幸福感的正"U"型影响，克服了以往研究的局限，从而对中国跨国企业可持续外派管理研究作了新的实证贡献。

1.4　章节安排

本书结构安排见图1－2技术路线，共包含六大章节，具体结构内容简要介绍如下。

第1章为绪论。从外派人员管理的现实背景出发，发现中国跨国企业在外派管理中的短板和诉求，并结合相关理论，引出本书的研究核心概念"中国跨国企业可持续外派管理"，明确研究可持续外派管理对中国企业发展的现实意义和理论意义。确立研究目标，对本书的核心概念"中国跨国企业可持续外派管理"进行定义。随后简述本研究采取的研究方法，对研究思路和文章结构进行图像化展示。最后进行章节安排介绍。

第2章为文献综述。对与本研究主题密切相关的理论进行回顾和归纳。首先，回顾了与外派管理动机相关的理论，主要理论为："能力—动机—动力"理论框架、制度理论和个人—环境匹配理论、资源保持理论。其次，回顾企业可持续发展理论和"能力—动机—机会"理论的具体要素。最后，对外派管理的影响因素及对绩效影响进行文献回顾。

第3章为研究方法。本研究主要以定量研究方法对三个子研究进行分析。通过问卷调查、数据收集和数据分析对构建的理论模型和提出的研究假设进行回归检验。详细说明问卷设计过程，包括变量设计与测度、样本的选取、数据收集途径以及过程的控制，指出本研究所采用的数据分析方法和分析工具。

第4章为高绩效工作系统、外派人员跨文化能力与子公司绩效及自主性的关系研究。对回收的有效问卷的基本情况和样本的基本信息进行描述性统计分析、信效度、相关性分析；根据建立的结构方程模型，对双路径结构方程模型及其中介效应进行验证；根据数据分析结果对研究假设进行检验。

第5章为总部战略承诺、外派人员组织承诺与子公司企业社会责任的关系研究。结合时代背景，在“一带一路”倡议下，中国跨国企业在构建人类命运共同体的舞台上不断探索前行。此章节从个人—环境匹配视角出发，基于制度理论对中国跨国企业如何履行企业社会责任的问题进行了研究，探索国际化战略承诺和本地化战略承诺如何影响中国跨国企业履行企业社会责任及外派人员在其中起到的作用。通过理论分析和数据检验，对假设进行验证分析。

第6章为工作角色转变、工作责任转变与外派幸福感的关系研究——以组织支持感、外派适应为调节变量。此章节结合资源保存理论对外派人员的压力来源进行合理区分。外派人员的压力可分为带来心理增益的工作角色转变和引起心理损耗的工作责任转变。研究围绕压力源与员工幸福的关系进行研究，寻找缓解压力过程中创造幸福感的机会。

第7章为研究结论和启示。首先，通过文献比较对本研究的假设检验结果进行讨论，指出本研究的理论贡献。其次，根据本研究的假设检验结果，结合人力资源管理的知识，为跨国公司管理者提出管理对策和建议。最后，指出本书的研究局限和不足之处，为后续研究提出方向建议。

第 2 章

文献综述

2.1 相关理论

2.1.1 “能力—动机—机会”框架

人力资本一定程度上决定着企业在国际竞争中战略优势的获取以及随之产生的组织绩效水平的高低（Bos－Nehles、Van Riemsdijk 和 Kees Looise，2013）。高素质的人才配备是企业战略精准实施的保证，而人才资源的价值利用离不开有效的人力资源管理（Demortier、Delobbe 和 Akremi，2014；Pauuwe 和 Boselie，2003）。大量研究从管理员工行为的角度对员工绩效进行分析，认为工作的动机和能力决定了员工的努力程度（Vroom，1964）；机会在能力和动机之外，成为取得工作绩效的前提保障（MacDuffie，1995）；除了主观动因，员工工作的客观环境为提升绩效创造机会（Blumberg 和 Pringle，1982）；能力、动机和机会之间是相互配合的关系，三者缺一不可（Delery，1998；Lepak、Liao、Chung 和 Harden，2006）；在极端情况下，无论是损失机会或是动机，个体都不可能获得良好绩效（Siemsen、Roth 和 Balasubramanian，2008）。

阿佩尔鲍姆等学者（2000）在前人研究基础上，系统性地提出“能力—动机—机会”理论框架（AMO framework），其主要假设认为，如果人力资源管理能够提高员工的能力、促进内在动机、创造发展机会，那么员工的绩效将达到最优状态（Boxall 和 Purcell，2003；Bos－Nehles、Van Riemsdijk 和 Kees Looise，2013；Campbell、McCloy、Oppler 和 Sager，1993；Cummings 和 Schwab，1973；Vroom，1964）。能力、动机和机会成为支撑绩效的三个主要支柱（Rehman 和 Ahmad，2015）。其中，能力是指完成工作所需要的心理和认知能力以及与职业相关的技能（Campbell 等，1993）；动机涵盖了员工完成工作的心理意愿和情绪倾向（Kanfer，1990；Mitchell，

Agle 和 Wood，1997）；机会是组织中外部环境中促进个体活动的因素总和（Chang 等，2012；Hughes，2007）。基于此，“能力—动机—机会”框架认为员工绩效和组织绩效的最大化提高，要从员工的能力、动机和机会角度着手（Argote 等，2003；Demortier、Delobbe 和 El Akremi，2014；Lepak 等，2006）。围绕对绩效表现的研究，阿戈特等（2003）的研究指出提升员工的能力、促进员工动机产生并给员工创造与资源接触的机会，三者相互配合才能提高个人和组织绩效。同时，组织内部的培训、薪酬激励、福利待遇以及内部晋升等政策能够减少员工的自利行为，促进员工间知识分享，进而提升组织的绩效（Obeida 等，2016；Vlajčić、Caputo、Marzi 和 Dabić，2019）。通过对员工树立较高目标理想、提高工作效率和践行高标准行为进行奖励，可以帮助组织实现绩效目标（Luna - Arocas 和 Camps，2007）。

围绕员工个体的相关研究发现，意愿、适应和行为受到“能力—动机—机会”三方面的影响极大。Jiang、Lepak、Hu 和 Bear（2012）利用“能力—动机—机会”模型，研究了三个维度如何影响近端组织结果（人力素质和激励效果）和远端组织结果（自愿流动率、操作结果和财务结果）。他们发现技能、激励和机会对近端结果和远端结果都有显著正向相关关系。而国际化组织中增加员工能力多样性、鼓励多样性的发展以及多样化员工间的交流沟通机会，能够增强国际化组织应对复杂多变的国际商务情境时的组织弹性（Duchek、Raetze 和 Scheuch，2019），保证组织的适应性和韧性。Heffernan 和 Dundon（2016）的研究超越人力资源管理中高绩效与低福利的竞争假设，通过分层分析 187 名来自荷兰不同公司的员工，他们发现高绩效工作系统中“能力—动机—机会”模型对相关的人力资源管理过程中公平性的心理感知有重要的影响。此外，员工对分配、程序和互动公平的感知调节了高绩效工作系统与工作满意度、情感承诺和工作压力之间的关系（Heffernan 和 Dundon，2016）。

围绕知识和学习领域，相关研究也从“能力—动机—机会”模型挖掘了个人与知识创造和组织学习的相互关系。组织通过对企业目标的具体管理进行更专业化的学习，进而将组织的知识资源转化为组织中员工个体的知识资源，对个体员工的认知和行为模式进行塑造和影响（Kayes、Kayes

和 Yamazaki，2005；Schaufeli 和 Bakker，2004）。

（1）能力方面

“能力—动机—机会”框架中的能力因素主要关注完成员工任务必备的相关能力。从资源的角度可将人力资本资源视为企业获取长期竞争优势的源泉之一（Barney，1991；Becker 和 Gerhart，1996；Wright、McMahan 和 McWilliams，1994）。企业能够通过人力资源管理实践提升员工的知识、技能与能力，进而强化企业的人力资本（Youndt、Snell、Dean 和 Lepak，1996）。大量研究从能力角度切入，提出相关的研究观点：人力资源管理系统对员工能力有直接促进作用（Lepak，2006；刘燕、李锐，2018），员工能力对人力资源管理实践与企业绩效间作用机制有调节作用。人力资源管理实践能够通过影响员工的技术水平，进而对企业绩效造成影响（Katou 和 Budhwar，2010）。Jiang、Lepak、Hu 和 Bear（2012）认为，技能提升对人力素质的影响显著高于激励行为和机会提升行为，而加强技能对于激励效果的影响低于激励行为和机会提升行为（Jiang、Lepak、Hu 和 Bear，2012）。Duchek、Raetze 和 Scheuch（2019）发现多样性组织中人力资源发挥重要作用，具备多样性能力基础的员工组成了组织内部不同工作单位相关的更广泛的知识库（Sutcliffe 和 Vogus，2003）。员工能力异质性成为认知能力和创造力的来源（Cho，2006），帮助组织预判风险、弥补短板、解决问题（Van Knippenberg 和 Schippers，2007）。

同时，人力资本是企业人力资源管理实践中影响企业绩效的重要中介因素（Hsu 等，2007）。在外派研究相关领域，学者们也注意到了能力方面的因素对于外派人员和子公司表现的影响，包括：知识吸收能力与子公司绩效的影响（Chang、Gong 和 Peng，2012；Vlajčić、Caputo、Marzi 和 Dabić，2019）、跨文化知识对子公司控制效果的影响（Paik 和 Sohn，2004）、社交能力对于跨文化适应的影响（Liu 和 Shaffer，2005）、语言能力对外派适应的影响（Selmer 和 Lauring，2015）、自我维持、感知能力对外派人员跨文化能力的影响（Black 和 Mendenhall，1990；Wang 等，2014）、压力管理技能对自我调整的影响（Wang、Feng、Freeman、Fan 和 Zhu，2014；刘燕、李锐，2018）。这些能力在很大程度上决定着外派的成功与否（Caligiuri 和 Tung，1999；Yamazaki 和 Kayes，2004）。

（2）动机方面

动机强调了员工在组织中充分发挥其能力的意愿，动机受到员工的心理制约（Campbell 等，1993；Kanfer，1990）。动机作为影响员工工作绩效的心理层面因素，也受到组织人力资源管理实践的影响。已有研究发现，自我调节、自我意识、自我激励和社交技能（关系管理）与工作绩效有显著关系（Mohamad 和 Jais，2016）。乌达德等学者（1994）在研究中将人力资源管理实践视为组织的一种环境特征，并指出该实践会影响员工的心理感知与工作动机。麦克德菲（2003）认为，员工完成某一任务的动机会对其工作绩效产生很大影响，故人力资源管理实践应着重提升员工的工作动机，以强化对组织人力资本的利用。莱特与斯内尔（1991）也在其研究中指出企业是否成功与员工的动机水平密切相关。库瓦斯（2006；2008）、库瓦斯和戴斯维克（2009）从员工个体层面出发，对组织人力资源管理实践中的培训、开发、绩效评价等细分环节与员工动机及其工作绩效之间的关系进行了深入探究，认为上述人力资源管理实践能够通过提升员工自我控制感与价值感来提升员工完成任务的动力。客格特等（2018）认为，团队合作提高了员工在扁平化组织中的心理需求，激发了员工积极的工作动力。但是也有研究者发现具有较强自我驱动性的外派员工，虽然更有内在动机主动完成外派工作的挑战，但也表现出更高的离职意愿（Doherty、Richardson 和 Thorn，2013；Hussain 和 Deery，2018）。较强的内在动机促使外派员工忽略了离任可能带来的风险（Hussain 和 Deery，2018）。

从对外派管理的动机相关研究来看，全球化高素质人才提供了丰富的动机，包括：获得国际经验的学习动机，提高待遇、改善收入的物质激励（Froese，2012）、愿意为外派任务投入精力和努力的跨文化意愿（Kanfer，1990；Kanfer 等，2008）等。这些动机对外派适应能力、外派人员的绩效表现产生积极影响（Firth、Chen 和 Kirkman 等，2014；Froese，2012；Howe－Walsh 和 Schyns，2010）。

（3）机会方面

机会因素体现在组织为员工执行工作时所提供的环境支持（Bos 和 Nehles、Van Riemsdijk、Kees Looise，2013；Chen、Kirkman、Kim 等，2010）。组织的工作结构、员工参与程度和自主程度反映了机会的具体特征（Lepak、Liao、Chung 和 Harden，2006）。工作机会的范畴包括工作结构、参与水平和授权程度（Gardner、Wrigh 和 Moynihan，2011；Huselid，1995；Pil 和 MacDuffie，1996）。麦克达菲（1995）提出较高水平的参与流程能够体现机会的概念，参与团队工作的机会、参加小组讨论的机会、参与建言反馈的机会都对员工的生产绩效产生影响。萨布拉马尼（2009）指出，流程参与、决策参与、工作丰富性、自我管理、投诉体系与反馈体系等流程设置都能为员工提供完成指定任务的资源与机会，进而有助于组织绩效的提升。加藤与布德瓦（2010）认为，强调工作设计、参与、交流、健康与安全的人力资源管理设置能通过给予员工更多机会而帮助组织提升绩效。因此，多样性可以帮助组织在复杂的环境中，调动员工的文化智力，从而建立多种途径从不同文化获得知识和信息（Vlajčić、Caputo、Marzi 和 Dabić，2019）。有研究认为团队成员之间的熟悉程度和团队氛围对跨文化交流的效果也有影响，多渠道获取信息资源可以帮助团队将多样化的知识转化为组织的新产品或解决方案（Froese、Peltokorpi 和 Ko，2012）。此外，有效的语言沟通（Keller 2001）或与团队负责人的沟通机会（Sarin 和 McDermott，2003）是增加跨职能团队发展的因素。交流机会除了直接给员工和组织维度带来增益效果，相应地也对交流的其他对象产生溢出效应。Xing 等（2016）研究了中国公司在非洲工会组织的管理机制，发现通过建立工会，中方经理和非洲员工之间的沟通交流促进了非洲员工知识技术的进步。非洲员工通过在工会中的文化熏陶，提高理解中方工作文化的能力，最终帮助中方企业整体组织效率提升（Xing、Liu、Tarba 和 Cooper，2016）。

从机会角度看外派相关研究，可以发现学者们关注文化引起的外派任务外部机会受阻现象（Stahl 和 Caligiuri，2005；Van de Vijver，2008）。由于物理距离和心理阻隔，外派人员参与建言的机会和互动交流的机会都受到一定程度的影响（Babcock 和 Du - Babcock，2001；Ramsey，2005；Toh 和 DeNisi，2005）。但是，跨文化情境也为外派研究提供了新的机会视角。外派人员的母国和东道国间文化差距较大时，外派人员与总部沟通机会受阻，但与东道国交流机会增多（Peltokorpi，2010），使用外语的机会和社交机会随之增多（Du－Babcock 和 Babcock，1996；Peltokorpi，2010）。母国与东道国知识内容和水平的差异，也为外派人员提供了知识转移的机会（Chang、Gong 和 Peng，2012）。

通过分析看出，“能力—动机—机会”框架的三方面既对人力资源管理实践具有普适性的解释力，又为细分后的外派人员相关研究提供了新视角，因此其适用于可持续外派管理系统的相关研究。“能力—动机—机会”理论认为，员工能力、动机和机会能够在初始阶段促进其他隐形能力（如跨文化能力）的培养，进而形成对组织行为表现和绩效表现的支撑。并且，外派管理系统的实施目的，归根结底是全面统筹提高外派人员幸福感、海外子公司社会责任以及海外子公司的绩效能力，现有关于“能力—动机—机会”理论的文献多强调高绩效工作系统对海外子公司绩效的影响，但未充分解释高绩效工作系统如何在矛盾的内外两种合法性要求下对企业层面的其他方面产生作用，因此，利用“能力—动机—框架”模型对外派人员行为的分析，可以为相关的绩效影响提供理论解释的角度。

2.1.2 制度理论

制度理论最早起源于社会学领域的相关研究，迈耶和罗恩（1977）的文献为制度理论打开了探索研究的开端，随后迪卡玛吉欧和鲍威尔（1991）对制度理论进行了继续发展，丰富了制度理论的适用边界，拓展了制度理论的解释范围，使其成为当前组织管理、战略管理、国际商务等研究领域的核心理论。制度理论可以从获得合法性和取得稳定性角度对组织结构中的同构问题（isomorphism）以及如何适应制度环境问题进行阐释（DigMaggio 和 Powell，1991；Scott，1995）。由于组织嵌入在制度环境中，组织的经济活动和市场行为都受到所处制度环境的约束和影响，这种约束和影响是不可避免的。当组织无法绕开现有制度的约束时，组织受到的影响从规制维度（regulative pillar）、规范维度（normative pillar）和认知维度（cognitive pillar）三个维度对组织行为进行建设和重塑（Scott，1995）。来源于规制维度、规范维度和认知维度的外部压力最终促使组织在制度环境中产生强制同构、规范压力和模仿过程等一系列行为（DiMaggio 和 Powel，1983；魏江，王诗翔，杨洋，2016）。许多研究认为，在国际化经营条件下，跨国企业在进入新市场时面临极大的不确定性和风险性——法律规制不熟悉、社会规范不确定、文化认知的不适应等。因而跨国企业在选择目标市场进入模式和进行本地化运营管理决策时都不可避免地受到的制度影响（Brouthers，2002）。相关实证方面，克里斯特曼（2004）关注了跨国企业内部的全球标准规范在企业国际化竞争过程中与东道国制度的冲突。帕尔默等（1993）实证解释了制度规制压力和制度规范压力是美国产业组织选择设计多部门组织网络的根本原因（DigMaggio 和 Powell，1991），通过这种构造设计，帮助企业减少层级，更加适应文化规范和法律规范约束，明晰的部门职责更有利于企业释放竞争活力。艾哈迈德简和罗宾逊（2001）从制度理论的角度对日本企业裁员的问题进行了解释，制度压力是裁员的主要动因，本地化制度带来的就业岗位要求和社会责任要求促使企业在保持日籍员工和发展新市场中作出权衡，因此导致日企裁撤日籍员工的企业行为（Ahmadjian 和 Robinson，2001）。制度理论对外派管理的研究还包括企业战略人力资源管理与宏观制度环境的关系（Boon、Paauwe、Boselie 等，2009；Paauwe 和 Boselie，2007）、外部制度压力对外派管理的影响（Barringer 和 Milkovich，1998）。

同时，对制度理论的研究并没有只停留在对组织层面的约束力和影响方面，有研究从组织与个人角度进行交叉，发现制度的塑造能力也主导了员工个人在工作场域中的行为决策（MacKenzie、Podsakoff 和 Fetter，1993；Smith 和 Swinyard，1983）。有研究着眼于将组织行为与个人职业发展相结合，认为组织的国际化决策受限于制度的影响（Ferner、Almond 和 Colling，2005），因此，制度压力为员工个体的职业发展创造机会。在战略人力资源研究领域，"制度双元性"（institutional duality）是解释外派决策和外派管理发展特点的重要理论概念，制度双元性是指跨国公司在东道国探索新市场的过程中，必须兼顾来自母国总部与东道国的两种制度情境对企业的双重要求，同时应对组织内部结构制度性的压力和外部东道国的社会规范性压力（Xu 和 Meyer，2013；魏江、王诗翔、杨洋，2016）。制度双元性是海外子公司治理复杂性的源头，也一定程度左右着外派人员在海外工作时的行为选择（Kostova 等，2008）。由于制度在组织特性的塑造过程中影响极大，因此，合法性作为一种获取资源的途径是新兴市场跨国公司海外子公司特别关注的问题（Dacin，1997；Díez – Martín 等，2013）。

"合法性"（legitimacy）是制度理论阐释个人或组织行为依据的重要概念，蕴含了规范、法律、社会、文化等内容（DiMaggio 和 Powel，1983）。在社会构建的规范及价值观的体系中，合法性指一种可取的、恰当的、合适的行为假定，易于被社会范围内的群体接受（Suchman，1995）。组织通过顺从、妥协、回避、反抗和操纵五种方式，使自己与竞争或交往所处环境的制度要求相符，此时组织更易获得正面的反馈（例如，认可、接纳、重视或欢迎）。因此具有合法性的组织能获得更多的资源和更强的竞争能力（Meyer 和 Rowan，1977）。现有研究发现，合法性对组织绩效有正向影响。已有学者们围绕合法性对组织结构、行为、绩效的塑造和影响（陈立敏、刘静雅、张世蕾，2016）进行了大量研究和分析。随着探索的深入，战略的观点也逐步与制度理论结合，将企业在内外部合法性影响下的战略选择也逐步纳入制度理论的解释范畴中。战略管理观点认为，组织能够通过特定的战略活动来控制、构造、设计或改变组织内外的相关规则制度，而规则和制度也为组织良性发展环境的形成提供了动能与途径（魏江、王诗翔、杨洋，2016）。这些观点都一定程度上反映了企业可以更为积极主动地应对制度环境压力。

制度理论强调了制度环境对企业结构与具体行为的决定作用（Scott，1995），以及企业保持制度合规的重要性（Deephouse，1997）。在国际化经营条件下，跨国企业面临着至少两种制度环境（母国与东道国），因此企业面临着来自外部合规性（即子公司和东道国制度环境的一致性）与内部合规性（即子公司与母公司与之间的一致性）要求的双重压力（Xu 和 Shenkar，2002）。从制度双元角度看，海外子公司的外部合法性是指它被东道国接受或认可，而内部合法性是指它被母公司或内部其他组织接受或认可（Kostova 和 Zaheer，1999）。内外部合法性的重要性和其带来的压力使跨国企业必须在不同的战略选择上进行权衡。若外部制度压力更大，外部合法性的迫切性促使组织自身向东道国环境中的现有制度妥协或服从，在战略安排上，与东道国制度相符的本地化战略更易获得合法性；若来自组织内部的制度压力更大，跨国企业更可能倾向于通过国际化战略安排促进跨国企业组织内部合法性的获得（Ferner、Almond 和 Colling，2005）。已有研究已经认识到不同制度环境下的规则或规范会使海外子公司面临冲突，从而增加海外子公司获取内外部合法性的难度（Pu 和 Soh，2018）。此外，制度距离也影响着跨国企业获取内外部合法性的过程。例如，当制度距离较远时，海外子公司对东道国制度学习模仿难度加大，难以得到外部合法性；当制度距离相近时，海外子公司可以将自身熟悉的制度信息和掌握的适应制度的能力进行迁移，帮助组织获得合法性（Kostova，1999）。当制度距离较远时，相对于保持内部一致性和控制的需求，较大的外部制度落差促使海外子公司优先解决外部合法性导致的生存困境（Rosenzweig 和 Nohria，1994）。此时，跨国企业在人力资源安排方面更重视本地化员工的使用和培养，外派人员的人数在海外子公司相应地减少（Xu、Pan 和 Beamish，2004）。基于以上观点，跨国公司进行海外派遣的主要动机是内部合法性而非外部合法性（魏江、王诗翔、杨洋，2016）。也有研究提出，一旦以获取组织内合法性为目的，海外子公司更偏向于与母公司在内部组织结构和制度安排上保持一致，并重视在子公司建立与母公司类似的机制和政策，遵从总部内部制度认可的实践要求，提高绩效（Peng 和 Beamish，2019）。在内外部合法性驱使下，根据制度距离差异程度，跨国企业对外派人员的使用和调整也不同（Wright 和 McMahan，1994），外派人员是帮助企业平衡内外部的合法性的重要途径（Xu、Pan 和 Beamish，2004）。有学者从微观个体的能动性作用出发（Lawrence 等，2009），提出员工个体具有丰富的情感体验和职业经验，其作为人力资源而内化了组织的隐性知识，能够帮助海外子公司形成内部知识池，加速组织对新旧制度知识的认识、结合、利用，帮助子公司消化不同的制度信息，促进子公司在相冲突的合法性要求下尽快适应和作出决策调整。同时，有文献就制度情境中员工个人的感受和行为特征（Voronov 和 Weber，2016）、制度距离对外派人员适应的影响（Ramsey，2005）、制度对外派人员在东道国建立社会网络（Pinto 和 Araújo，2016；Horak 和 Yang，2016）、制度安全对外派人员压力的影响（Fee、McGrath－Champ 和 Berti，2017）等方面进行探索，从制度理论的角度进行深入分析，从合法性获得的视角解释个人如何在规制维度、规范维度和认知维度下发挥自己的作用。戈沙尔和巴利持（1994）的研究认为纪律、目标、员工支持是实现组织的内外部适应行为平衡的重要途径。茜恩、哈斯和斯考特（2015）研究发现东道国和母国之间的文化距离与外派配置战略之间呈“U”型关系。弗罗泽和佩尔托科尔皮（2013）指出，文化距离与外派工作满意度之间存在负向关系。Child 和 Tsai（2005）提出，来自外部和内部两方面因素影响了跨国企业在新兴市场的环境保护发展战略。

综上所述，制度理论的解释范围涵盖了组织行为和个体作用，因此在外派研究领域可以从制度理论的视角，结合跨国公司制度双元性的背景和发展面临的困难，运用合法性获取的理解视角，阐释中国跨国企业在组织层面的行为动因，分析同制度环境下可持续外派管理相关问题，解构组织和外派人员之间的互动对海外子公司发展的影响。制度理论中合法性获取的影响贯穿组织层面和个人层面，是连接两者的理论基础。

2.1.3 个人—环境匹配理论

个人和环境互动的视角最先出现在职业心理学领域（Parsons，1909；Milliman 等，2017），该领域提出“吸引、选择和摩擦”模型（attraction－selection－attrition model，A－S－A）（Schneider，1987；Schneider Smith、Taylor 等，1998），进而被管理学领域接纳并用来解释员工在组织中进入或离开的原因和过程。之后大量的研究围绕个人—环境匹配展开，并对其研究的范围进行多次界定（Caplan，1987；Harrison，1985；Edwards 和 Cooper，1990），随着关注度和应用频率的增加，个人—环境理论逐渐成为对个体行为和态度解释的重要理论之一。

个人—环境匹配理论（person－environment fit theory）的本质是个体的

心理因素和行为因素不仅取决于单方面的个体特性或外部环境，而是由内部和外部之间的关系塑造的（Edwards，1996），因此，匹配是内外部双向的交互作用。哈姆斯、罗伯特和温特（2006）发展了“吸引、选择和摩擦”模型（A－S－A model），形成“吸引、选择、交换、处理、摩擦”模型（A－S－T－M－A model），将个人与环境实现匹配的机制进行描述。匹配是个体通过与组织接触、交互，感知和接受组织价值，进而形成个人行为与组织行为一致化的过程（Boon、Paauwe、Boselie 等，2009；Rauvola、Rudolph 和 Ebbert，2019）。詹森和克里斯特弗·布朗（2006）认为，价值观在个人—环境匹配中发挥着不可替代的作用，特别是在个人—组织关系之中，组织成员价值观与组织价值观匹配尤为重要。同时，匹配也包含了组织感知员工需求与价值，从而对自身任务和结构进行再调整的渐进式过程（Stoermer、Haslberger 和 Froese，2018），后一过程也被视为是积极型员工对组织进行的“工作重塑”（job craft）（Bakker 等，2012），员工通过促进对工作任务的改造，完成“工作重塑”，形成二者间的良性互动。

学者们在个人—环境匹配的大框架下发展了多层次、多维度的相关研究（Caplan 等，1983；Harrison，1985；Edwards 和 Cooper，1990）。从组织视角看，可区分出个人—组织匹配（person－organization fit，P－O fit），强调个人目标和价值观与组织目标、组织价值观和组织使命相一致（Downes、Kristof－Brown 和 Judge，2017）。凯布尔和贾奇（1996）调查了新员工和求职者的个人—组织匹配感知对其工作选择和离职的影响，发现个人—组织匹配可以帮助员工进行未来职业态度管理，从而提高留任意愿和工作绩效（Cable 和 Judge，1996）。个人—群体匹配（person－group fit，P－G fit）的角度关注个体与团队中其他同事之间的行为相似程度，个人和群体的匹配程度对员工的角色内绩效、承诺和知识共享均有正向影响（Voge 和 Feldman，2009；Seong 和 Kristof－Brown，2012）。

从微观层面着眼，还存在个人—工作匹配（person－job fit，P－J fit），它是指个人在工作需求与个人技能、知识之间的匹配能够预测员工的熟练程度和技术理解程度，因此提高了员工的创新能力（Su 等，2015），使工作对员工的吸引力加强（Carless，2005），由于员工自身需求与工作环境的一致性，相应地也增加了员工的满足感和幸福感（Warr 和 Inceoglu，2012）。个人—价值匹配（person - value fit，P - V fit）价值观往往隐含在目标和需求的选择方面，因此与个人的满意度和离职意愿呈正相关（Michael，2009）。个人—上级匹配（person - supervisor fit，P - S fit）则关注的是上下级的目标、性格特征和价值观等是否相互兼容，强调的是双方潜在心理的匹配程度（Zhang 等，2015）。

此外，从相容形式和内涵取向对个人—环境匹配进行区分，研究者提出了一致性匹配和互补性匹配的维度（Kristof，1996；Muchinsky 和 Monahan，1987）。其中，一致性匹配是指个体的目标、价值观、技能、能力、性格特质与组织环境的规制、规范或文化相一致，二者发展方向相同所形成的匹配（Cable 和 Edwards，2004；Guan 等，2011），强调个体与其外部环境的特性保持一致；互补性匹配是指个体具备组织环境所需的能力或特征，或组织环境满足个体的特殊需求，相互形成了良性的互补因而达成的匹配（De Cooman 等，2016；Muchinsky 和 Monahan，1987；Kristof，1996；Van den Bosch 等，2019），强调个体和外部环境相互弥补。个人—环境匹配理论多运用于组织行为学领域的研究中，着力探索组织与员工个人行为、心理之间的关系和作用。从一致性匹配的角度看，当个体的特性资源（如，性格、知识、能力）与组织的发展需要相一致时，对于组织而言，个体的资源与组织需求形成一致性匹配，促进组织将该个体纳入自身架构内部（Cable 和 Edwards，2004）。而个人感知到组织的价值目标、资源能力与其自身发展偏好相一致时，个人发展需求与组织愿景实现匹配，个人会向组织积极靠拢。在企业对员工的招聘过程中，企业文化、企业的社会责任形象往往起到同类的作用，即吸引相匹配的员工前来应聘（Carless，2005）。反之，如果组织愿景与工作资源与员工自身诉求不一致，则促使面试者自发作出退出的选择（Carless，2005），帮助企业完成初筛。在工作过程中，如果工作要求与员工自身特性相矛盾，个体会认为自身的活动受限，这时企业提供的环境与员工自身的需求无法达成匹配，可能会导致对员工心理产生负效应（De Cooman R、Vantilborgh、Bal 等，2016），影响自身绩效产出，甚至导致离职（Edwards 和 Billsberry，2010）。高水平匹配对个体和整体环境都具有积极的交互作用，有利于提高员工的自我驱动性，增加角色外行为（Hussain 和 Deery，2018）。叶晓倩、李岱霖、王瑜芬（2017）研究了外派回任人员与知识转移效果的关系，发现价值观一致性能够促进员工与组织的密切交流，进而有利于回任后知识的传送。外派人员身处组织结构内部，组织的价值体系决定了其为员工提供了什么（Schein，1992）。组织层的人力资源策略，如入职教育、培训和指导等组织化、社会化策略会向员工传递文化、价值观、政策和行为规范等信息，促使外派人员的工作方式与组织环境相匹配（De Cooman、Vantilborgh、Bal 等，2016）。个人和环境的匹配并不是单向静止的状态，而是个体和环境相互影响达到一致的过程。随着个体在环境中的经验积累，个体也会对环境产生影响（Edwards 和 Billsberry，2010）。当个体与环境不匹配时，主动型员工会在日常工作中改变工作任务，重新安排组织工作，完成工作重塑，进而提高自身与环境的匹配程度。

个人—环境匹配理论对外派领域影响的研究近年来不断增多，相关研究主要从个人—环境匹配的角度，分析外派人员个体能力或心理特征和东道国制度环境、文化环境匹配，对外派适应或心理调整的影响（Haslberger、Brewster 和 Hippler，2013；Oh、Guay 和 Kim 等，2014；Stoermer、Haslberger 和 Froese 等，2018；Van Vianen 等，2004）。除了以上角度，学者还从需求—能力匹配（Nolan 和 Morley，2014）以及知识—技能匹配的角度展开研究（Lauring 和 Selme，2018）。

综上所述，个人—环境匹配理论主要解释了组织层和个体层因素交互过程中的趋同问题，为分析企业战略层面因素对员工层面的价值观、心理、态度的影响提供了可行的研究角度。以此为前提，打通了从外派人员层面与海外子公司的联系，为研究海外子公司行为表现提供了新的角度。未来可以从个人—环境匹配的角度研究母国总部、外派人员还有海外子公司间的匹配关系和匹配内容，对外派人员相关作用和影响进行理论丰富。

2.1.4 资源保存理论

资源保存理论最早由霍布福尔（1989）等研究者提出，用于解释个体压力的成因，并从资源得失的视角分析判断个体心理和行为的演变。资源保存理论假设，无论从主观感知层面还是客观层面，只要对个体造成现有资源损失，或新资源获取失败，都会导致个体压力感增加，并且在行为上作出消极的反应（Hobfoll，1989）。一旦感知到自身资源受损，个体会采取回避的态度和行为来避免资源的进一步损失（Hobfoll，2018）。因此，个体珍视自身资源，从心理和行为上避免资源损失，倾向于保存和保护已有的资源，同时努力获取有价值的新资源进行补充（Hobfoll，1989）霍布福尔。（2014）从保存和获取资源的动机出发，认为资源是个体主观认为有价值的或有助于目标实现的事或物（Chen 等，2004）。在此定义的基础上，对资源进行了两种分类，其一是根据资源的属性进行分类，包括物质资源（具有物理价值的汽车、房产）、条件资源（价值能为未来创造条件，如资历、职位）、人格特征资源（自身有助于抗压的特质，如智商、自信）和能源性资源（金钱、知识、时间）（Hobfoll 和 Lilly，1993；Shaffer、Singh 和 Chen，2013）。其二是根据个体的内外在来源，分为内在资源和外在资源（Hobfoll，1989）。内在资源包括身体的健康情况、乐观的心态、自我适应的能力；外在资源涵盖从个体之外环境中获得的组织支持、社会资本（Andresen、Goldmann 和 Volodina，2018）。

在资源保存理论的视角下，外派个体资源存在增益和损耗两种可能。增益的路径下，外派人员的精力、时间、人际关系和其他资源都是可以来应对工作压力和挑战的因素（Cavanaugh 等，2000），因而具有很高的价值（Lepine、Podsakoff 和 Lepine，2005）。员工的情志因素是独特的心理资源，当员工对工作认可度高、感知到公平、适应工作环境良好时，更易于产生积极的情绪资源，以帮助员工自身克服紧张和压力感。这些资源的投入帮助员工获得职业发展、经验和职位晋升的机会，因此当个体预期或感知到自身资源充足且免于资源损失的时候，心理上的情绪感受更为积极，有效地补充了心理资源库，形成了正向的心理资源累积，也更易于产生卓越绩效（Halbesleben 等，2014）。Huang 等（2018）学者在研究高绩效工作系统对员工的影响时发现，在工作中感知到资源增益的员工对工作的投入程度更高。如果产生了精力或其他资源的损耗，员工个体及时得到新资源的补充（如，获得慰问、获得假期、获得奖金、获得职级提升等），则员工可能会出现的负面情绪将得到缓解（Crawford、LePine 和 Rich，2010）。在面临风险时，个体或组织在保护资源免受侵害之外，更加迫切地希望吸收资源，弥补自身资源受损的情况，扭转颓势，引导产生积极结果（Hobfoll 等，2018）。另外，个体对损失的判断极具主观性（Hussain 和 Deery，2018），个体的情志特征差异会影响对自身受损或受益情况的预判和估计。自我驱动性强的外派员工在面对压力和冲突环境时，表现出更强的心理弹性（Hussain 和 Deery，2018），因此，对资源损失情况持有乐观的预判。而在增益路径的效果和时长方面，个体之间的差异性极大。外部环境中资源获取的信号（如建立新的社会关系，得到家庭或上级支持）对个体负面因素的抵消程度以及开启增益路径的时效也各有差异（Hobfoll，2011）。总体而言，新资源的补充可以避免潜在的更大的资源损失（Huang、Fan、Su 和 Wu，2018）。此外，积极的个人效应和心理结果是其他资源很难代替的，因此，资源增益是员工获得个人幸福感的重要来源。

相应地，资源保存理论解释损耗路径时认为，工作时间过长、精力消耗过大等是员工产生资源消耗的最主要原因（Hobfoll，2011）。由于文化差异大、工作不适应（Kraimer、Wayne 和 Jaworski，2001）、个人社会网络资源不足（Au 和 Fukuda，2002）、职业技能准备缺乏（Yamazaki 和 Kayes，2004）等原因，个体可能感受到更多的资源损失的威胁，员工无法承担职业角色任务，导致员工个体产生倦怠，压力增加（Brotheridge 和 Lee，2002）。外派人员与母国被动"分离"、与东道国主动"隔离"的双重边缘化使其压力程度加剧，产生压力感，极易导致外派任务失败、人员提前回任的管理难题（何蓓婷、安然，2019）。此外，资源保存原理强调"损失优先"原则，即个体产生损耗时，先行表现出负面的情绪和消极的行为结果（Halbesleben 等 2014；Hobfoll，2011）。消极的心理结果，如沮丧、失望和倦怠对个人的幸福感也产生损害，使幸福感评价降低（Bakker 和 Sanz－Vergel，2013；Lin 等，2014）。

另外，资源保存理论的观点强调，虽然个体天然地具有维持自身资源存量的倾向，极力避免自身资源受损，但是在感知到威胁时，个体主动寻找内外部资源进行损失预防和弥补的驱动力不足（Halbesleben 等，2014）。同时，高资源投入也被证明对于资源损耗有缓解的作用。在外派研究中发现，总部的支持、国家的支持能够帮助外派人员在海外发展初期建立强有力的后备资源支持，能够有效提高外派人员的初始心理资源，心理资源和物质资源的补充使外派人员的心理获得感提高（Kraimer 和 Wayne，2004；Liu 和 Ipe，2010；Abdul Malek、Budhwar 和 Reiche，2015）。从个人层面看，不同的个人性格特征、学历背景以及跨文化适应程度（Hussain 和 Deery，2018），都是外派人员弥补自身短板的重要资源获取渠道（Shaffer 和 Harrison，1999）。

综上可知，资源保存理论被广泛运用于研究压力和个体行为的相关问题中，该理论从个体角度出发，讨论个体资源的增益和损失带给个体心理的不同影响以及产生的不同行为结果。遵循资源保存理论的观点，工作产生的良性增益可以被视为是员工个体发展的重要资源，同时，工作中消耗资源的因素将造成倦怠和压力，增益和消耗都有机会对个体的幸福程度感知产生影响，因此，资源保存理论可以作为研究中国跨国企业外派人员幸福感提升机会的理论视角。

2.2 外派人员相关概念

根据“能力—动机—机会”框架，能力和心理动机决定了人员在工作中的努力程度。而环境在能力和动机之外，是取得工作绩效的前提保障（MacDuffie，1995）。在外派研究领域中，围绕外派人员的能力、动机和机会进行了许多探索。在此部分，本书从能力—动机—机会的角度，选取跨文化能力、组织承诺和外派适应三个方面进行综述。跨文化能力是外派人员开展工作的前提，组织承诺包含了心理动机因素，外派适应是外派与环境互动获得外部资源以及发展保障的过程。

2.2.1 外派人员

被派遣到另一个国家完成组织赋予的特定工作任务的组织成员，通常被称为外派人员（Dabic、González - Loureiro 和 Harvey，2015；Salgado、Viswesvaran 和 Ones，2001）。Aycan Kanungo（1998）从出境目的上对外派人员与难民、游客等身份进行了区别定义，强调其服务于商业组织以及其工作的使命性。大多数外派人员具备专业素养、职业技能并在组织中担任职务（Black 和 Gregersen，1991；Tung，1981）。任务的重要性、文化异质性、适应问题是外派人员面临的初步挑战。新时代对跨国企业发展提出了新要求，经济绩效增长的同时，合理履行跨国企业在东道国的社会责任，有助于企业和社会平衡可持续发展（Porter 和 Kramer，2006）。因而，如何履行好企业社会责任成为中国跨国企业要学习和作答的新问题。同时，现阶段外派队伍逐渐以新生代员工为主力，他们在工作中更主动地进行职业选择，更多地思考个人发展空间，追求个人需求的满足与个人目标的实现。这些特点对跨国企业管理外派人员提出挑战（阎亮，2016）。

此外，已有研究表明，一旦管理不善，外派失效率和失败率非常高（Black 和 Gregersen，1991）。外派任务的失败可能引发严重的财务损失和企业形象损失（Naumann，1992；Fan 等，2016）。外派失败也会对外派者个人造成负面影响，例如降低自尊、自信和组织承诺（Aycan，1998）。

外派是跨国企业保持竞争力的重要手段，跨文化过程使个体嵌入当地的文化情境中，对当地文化产生深刻的理解，并发展出全球能力（Salgado、Viswesvaran 和 Ones，2001）。因此，跨国企业逐渐认识到外派人员在国际任务中的重要性，并通过塑造外派人员的全球领导力（Black 和 Mendenhall，1990）来实现对海外子公司绩效的有效控制（Fan 等，2016）和对跨国企业战略目标的及时响应（Taylor、Beechler 和 Napier，1996；Luo 和 Tung，2007）。在国际化过程中，组织应当重视外派人员的战略作用，将其视为战略资源有效地利用起来（Wilkinson、Wood 和 Demirbag，2014）。

基于以上内容，中国跨国公司的外派管理面临着时代背景的发展、人员组成的更新、失败的风险加剧和完成战略使命的多重挑战。社会利益相关者的诉求以及外派个体对幸福的追求都影响着现有管理体系。因此，对外派人员管理结果要从单一地进行绩效控制向兼顾社会责任和员工个人幸福感的可持续方向转变。跨国企业在外派管理中要促进外派人员将“创造经济绩效的能力、承担企业社会责任的动机、提高外派人员幸福感的机会”三者统筹发展，调动国际人力资源在跨国企业和海外子公司中发挥最佳效果。

2.2.2 跨文化能力

本书中采取 Johnson、Lenartowicz 和 Apud（2006）的定义，将跨文化能力（cross - cultural competence，CCC）界定为在海外情境中利用知识技能和个人特性，与具有文化差异背景的同事或客户共事的能力（Bird 和 Mendenhall，2016；Javidan 和 Walker，2012）。外派相关文献对于跨文化能力的前因性研究，主要集中在个体特性视角和能力构建视角两个方向（Chen、Kirkman、Kim、Farh 和 Tangirala，2010；Peltokorpi，2008；Peltokorpi 和 Froese，2013）。从个体特性的角度研究外派人员的性格、态度等个人天然具备的特征因素对跨文化情境下外派适应结果的影响，这在海外派遣之前的选拔过程中具有重要的考察价值（Mendenhall、Dunbar 和 Oddou，1987），有助于预测外派人员的适应能力和绩效。从能力构建的角度，研究强调能力的可习得性，认为外派人员在嵌入跨文化环境时（Vlajčić、Caputo、Marzi 和 Dabić，2019），通过观察、感知、学习、模拟、互动调整等技能，建立了跨文化适应的能力（Wang、Feng 和 Freeman 等，2014）。现有研究从跨文化能力的内部构成发现，自我维护技能、人际交往技能、语言技能对跨文化能力有直接影响，感知技能通过沟通技能对跨文化能力产生作用（Froese、Peltokorpi 和 Ko，2012；Wang、Feng 和 Freeman 等，2014）。由此可见，跨文化能力是一种复合的能力集合。

从跨文化能力的影响后果方面看，有研究指出，跨文化能力包含处理压力、应对困难的技能（Leiba - O'Sullivan，1999），因而，外派人员心理适应能力（Mendenhall 和 Oddou，1985）、团队领导能力（Brown，2008；Templer 和 Klaus，2010）、激励和管理的能力（Bird 和 Mendenhall，2016）都包含在内。Kobrin（1988）提出缺乏必要的跨文化能力导致美国公司在海外的派遣任务失败比率大幅高于日本和欧洲（Kobrin，1988）。Wang、Freeman 和 Zhu（2013）发现，外派人员跨文化能力的发挥受到东道国制度距离制约（Wang、Freeman 和 Zhu，2013）。本书选择跨文化能力作为中介变量，是因为该变量既受到外派人员的技能、动机、机会等个人层面因素影响，又强调能力在东道国工作场所中产生的跨文化行为结果和绩效。

跨文化能力在本中的测量维度采用 Leslie、Dalton、Ernst 和 Deal（2002）设计量表，对外派管理人员的跨文化能力进行测量。本研究利用自我评价的方式来得出海外管理中的文化适应能力，已有许多研究在类似的调查中采用了相同的解决方法（Selmer、Lauring 和 Feng，2009）。该量表的题项包括：在多元文化环境中有效地发现和提升自己；能有效激励多元文化团队；以文化中立的方式评价他人的工作；能鼓励彼此相识；能与不同文化的人分享信息；能适应文化拓展的需要；能调整管理风格。

2.2.3 组织承诺

组织承诺是员工个体对自身态度的重要评价（Allen 和 Meyer，1996），在人力资源和外派管理相关研究中，个体的组织承诺程度与外派人员在东道国的适应能力（Li 和 Wong，2008）、工作绩效（Bonache 和 Noethen，2014；Kuvaas，2006）、工作投入（van der Schoor 和 Scholtens，2015）、心理倦怠（Crawford、Lepine 和 Rich，2010；Silbiger 和 Pines，2013）以及提前离任（Hussain 和 Deery，2018）等研究问题都存在着复杂而密切的关系。Becker（1960）通过系统性地梳理相关概念，从单边投入的角度切入，尝试解释了承诺之所以影响员工个体是否决定留任，是因为个体在工作实践中对组织进行了持续不断的投入。但是，Backer 当时并没有明确提出组织承诺的相应边界（Baker，1960）。随后的几十年内，随着研究情境的不断拓展，研究问题逐渐明晰，研究者多次界定了员工组织承诺的研究边界

（樊耘、张旭、颜静，2013）。其中较为典型的是 Mowday（1979）的研究，他代表了情感依附认同观点，将组织承诺视为是赞同性的态度，或肯定性的内心倾向（Bhuian 和 Mengue，2002），Mowday（1979）强调对组织的认同感和忠诚度。随后，Allen 和 Meyer（1984）提出组织承诺分为情感承诺、继续承诺及规范承诺的三维度承诺模型。外派人员组织承诺选用 Meyer、Paunonen、Gellatly 等（1989）的 8 题项量表进行测量。该量表包含情感承诺（Allen 和 Meyer，1987）和持续承诺相关题项（MacGee 和 Ford，1987）。

从概念上区分，情感承诺（affective commitment）是指个体被卷入组织、参与组织社会交往的程度（Allen 和 Meyer，1996）。它代表着个体对一个实体组织或机构的情感认知，往往具有肯定性和正向性，代表个体心理上更加有意愿与这个组织进行情感上的互动和交流，并为自身嵌入组织活动的正当性找到解释理由（Lee 和 Peccei，2007）。

具体而言，第一，情感承诺往往包含对组织价值目标的认同，员工通过对自身目标的调整，确保自身在组织中具有与组织目标相一致的发展方向，以此获得对自身价值的认可（Kuvaas，2006）。这种目标价值认同感进一步催生了员工心理的自豪感，这种心理信号给予员工对自身行为合法性产生肯定（Bouraoui、Bensemmane、Ohana 等，2019）。情感承诺在这种行为和心理间的良性循环过程中不断叠加，随之使员工产生超越工作基本要求的、更高层次的承诺表现（Jens、Rowold、Lars 等，2014），如，员工个体在理性前提下，自发地对组织利益进行维护，甚至牺牲部分自身利益而为组织做贡献（赵慧娟、龙立荣，2016）。从情感承诺的角度对员工忠诚、努力工作的表现进行解释，忠诚和努力是员工与组织间价值感、情感意愿交换的结果，而非出于单纯的物质或经济利益交换（Shore 和 Wayne，1993；Jens、Rowold、Lars 等，2014）。

第二，继续承诺（continuance commitment）是指个体的留任行为能够在未来继续引发个人对职位和福利待遇的发展预期，出于对职业发展的预期而选择的承诺。交换理论对继续承诺的相关解释认为，员工个体在工作过程中通过将自身的时间、精力、智慧等无形价值投入组织任务中，以换取维持生活的货币价值和物质需要（Whitener 和 Walz，1993），或者换取发展自我能力和承担社会责任的社会价值和心理认同（Meyer、Stanley、Herscovitch 等，2002）。相应地，在组织与个人有目的的价值交换中，组织通过持续满足员工个体的交换需求，获得员工的工作投入和留任意愿（Shore 和 Wayne，1993）。换言之，价值交换是继续承诺的前提，当对交换的预期持续稳健时，员工倾向于与组织维持交换关系，一旦个人预测在未来交换中价值关系存在失衡可能，员工对组织的继续承诺程度将随之减弱。

第三，规范承诺（normative commitment）是指由于受到社会规范性的影响，员工个体被动选择与组织保持一致的守信行为（Allen 和 Meyer，1996）。制度理论的观点认为，在这种社会隐性规范或示范的影响下，员工个体不愿挑战规范认知，在行为和心理上选择服从于这类制度规范，并自觉维护隐性规范（Tulia、Chen 和 Tsung - Yu，2020），表现为遵守组织文化，对组织进行规范承诺（Meyer 和 Parfyonova，2010；Meyer、Stanley、Herscovitch 等，2002）。此外，也有研究者从不同的角度对组织承诺进行解释。O'Reilly（1986）认为，组织承诺是顺从、认同、内化的员工"心理契约"，一旦契约达成，员工单方面产生遵守契约的认知和心理确定，所以组织承诺不易于被放弃或打破（Rui、Zhang 和 Shipman，2017）。另外，从组织结构视角和匹配理论出发，组织中受到任务或组织结构的影响而极易产生子群体（Xing、Liu、Tarba 和 Cooper，2016），子群体间具有一定的差异性，而员工个体为了保证在群体中保持自身与他人观念的协调和一致（庄贵军、周南、周筱莲，2009），不同的子群体间的员工层也表现出组织承诺方向、内容、程度的差异性（Reichers，1985）；如果子群体间的目标和价值观各不相同，但总体方向一致，换言之共存大于差异，则组织承诺应相应地被视为是多种承诺的集合。

但是，相关性研究中，Becker（1992）的研究发现，对高层管理者和主管领导的个人承诺比对组织的情感承诺具有更强的影响。因为在团队工作中，直属领导与员工间发生价值交换和信息交换的频次更多，由上层至下层级的知识信息和管理信息交流使员工对领导产生信任的积极承诺

（Xing、Liu、Tarba 和 Cooper，2016）。随着在工作环境中时间因素的累积，员工和领导之间甚至卷入家庭或生活信息的交换，因此，员工对领导的个人承诺超越了物质利益交换带来的获益，双方更倾向于形成具有社会性和情感性的连接（Ribeiro 等，2019）。这种对领导个人的承诺和组织承诺间可能产生竞争假设。有时，这种对领导个人的承诺在员工工作满意度、离职意愿和组织行为的判断中甚至比组织承诺更加有影响力（Liu 和 Ipe，2010）。Heffernan 和 Dundon（2016）通过跨层次的分析认为，人力资源管理与工作满意度、情感承诺和工作压力之间的关系被分配机制、程序和过程的公平性感知所调节。公平感知增强时，员工更倾向于表现出对组织进行情感承诺的信号（Heffernan 和 Dundon，2016），这种信号有利于重塑员工对工作任务的满意程度，并在工作场所中提高有效信息和情感信号交换的频度和密度（Stoermer、Haslberger 和 Froese，2018）。这表明，虽然组织承诺在员工情感重塑和任务重塑中有重要的作用，但是组织承诺的有效性受到工作全流程公平感知的影响和制约（Heffernan 和 Dundon，2016）。此外，与工作密切相关的人力资源激励措施已被证明对员工组织承诺有显著的正向影响（Becker，1996），但是当个体的压力感知过大时，组织承诺的内在积极资源无法被激励措施持续激活（刘燕、李锐，2018）。这种压力感知引发的负向效应对工作满意度、离职意愿、组织忠诚都具有极强的破坏性。其他的因素如反馈和自治对情感承诺有直接的正向影响（Eby 等，1999）。情感承诺和规范承诺与工作退行性倾向显著负相关，持续承诺与情感承诺的交互作用能够预测工作退行性倾向（Somers 等，1995）。

2.2.4 外派适应

外派适应方面的相关研究主要基于 Black 等（1991）提出的跨文化适应调整特征展开（Black 等，1991；Black 和 Stephens，1989；Takeuchi，2010）。尽管 Black 等（1991）提出适应模式和适应程度同等重要，但大多数研究围绕适应程度展开（Kraimer 等，2016）。适应模式是指个体适应环境或寻求改变环境以适应自身需要和能力的方式（Nicholson，1984）。适应程度，是指外派人员对不同文化的心理适应和熟悉程度（Bhaskar - Shrinivas、Harrison、Shaffer 和 Luk，2005；Haslberger、Brewster 和 Hippler，2013；Zhu、Wanberg、Harrison 和 Diehn，2016）。两者都应纳入适应的考察范围（Black 等，1991）。适应程度由三个相互关联的方面组成：一般适应，包含对东道国环境各方面的心理舒适度；交互适应，即在工作和非工作环境中与当地人交往互动中的心理舒适程度；工作适应，是指在工作环境中对特定的期望和标准的心理舒适度。Black（1989）在三个维度的基础上将一般适应题项增加至 7 道题项，将互动适应由原来的 2 道题项增加至 4 道题项，工作适应的 3 道题项内涵也发生了变化，后续的大量实证研究都采用了该测量工具（Firth、Chen、Kirkman 和 Kim，2014；Okpara 和 Kabongo，2011；Palthe，2004）。一般适应、交互适应和工作适应三个维度之间相互关联，相互影响。但需要注意到，单一维度的适应程度高，并不能代表其他适应类型中也能高水平适应（王亮、牛雄鹰，2018），所以将三种维度进行细分研究具有重要的意义（Moghaddam 等，1993）。而在三种适应维度中，一般适应和工作适应都需要与东道国环境产生互动、沟通，因此，交互适应被视为是最基础性适应类型（Bell 和 Harrison，1996）。研究发现，组织层面的因素对外派适应产生交互影响，如东道国社会文化特征、组织特征影响外派个体在社会化过程中的交互适应（Toh 和 Denisi，2007）；而个体层面，外派个体与家庭成员之间的情感交互作用对外派者的满意度、回任意愿都产生了影响（Takeuchi、Yun 和 Tesluk，2002）。在 Black 等（1991）的研究中，学者们大多将适应描述为外派人员通过学习和表现文化上适当的行为来适应东道国文化，从而减少文化交流压力或适应与东道国环境的紧张关系（Maertz、Hassan 和 Magnusson，2009）。在工作适应方面，与外派工作直接相关的工作任务、工作角色和工作环境，与工作适应显著相关，而社会资本、情感资本、组织支持也都对工作适应有较强的影响（Li 和 Jackson，2015；王玉梅、何燕珍，2014）。周燕华，李季鹏（2012）发现，外派人员社群间存在较强的情感连接，这种情感性关系对外派的工作适应具有重要的正向作用（周燕华和李季鹏，2012）。

除了 Black 等（1991）的研究外，学者们开发了对外派人员适应的三维分析框架（Armstrong 和 Li，2017；Selmer 和 Lauring，2012；Black 和 Gregersen，1991；Peltokorpi 和 Froese，2012）。外派人员的学习能力帮助他们适应东道国文化（Armstrong 和 Li，2017）。此外，外派人员的性格特征，如开放心态和行为适应、情绪稳定和文化同理心都对外派过程中的总体适应情况有积极的影响（Peltokorpi 和 Froese，2012）。同时，积极的工作环境也影响外派适应（Peltokorpi 和 Froese，2012）。

Haslberger、Brewster 和 Hippler（2013）则认为，需要考虑适应的情感、行为和认知维度以及环境的多重特征，以便更真实地描述调整的过程。此外，Maertz、Takeuchi 和 Chen（2016）提出了适应标准的变化。他们的模型以外派人员与本地互动为重点，表明适应并不是定量研究所表明的那种持续的变化过程，而是一种与时间和地点相关的、有意义的逐步分散的相互作用的过程。由于国际商务环境具有不可能预见性和多变性（Lengnick－Hall 和 Beck，2005），因而外派人员的适应性尤为重要。应对一般指的是针对特定问题的解决方案的开发和实施（Duchek，2019）。外派人员的适应影响着个体的感官理解和在复杂环境中解决问题的能力。Stephens 等（2013）描述了多样性，通过为不利情况构建更多种解释来帮助适应和应对（George 和 King，2007）。Neill 等（2007）表明，职能团队的多样性可以提升组织的感悟能力，增加员工的适应性。而思想开放的组织文化交流是适应的前提，Vaiman、Haslberger 和 Vance（2015）发现具备良好教育背景和自我开发能力的外派人员往往表现出积极的态度来进行组织间的交流活动，同时这种交流和互动帮助他们积累积极的心理资本（Vaiman、Haslberger 和 Vance，2015）。而外派员工在东道国文化情境与母国总部之间的多次的文化适应，还影响着外派者对于自身职业定位的重构以及在派遣和回任之间的知识转移效率（叶晓倩、李岱霖、王瑜芬，2017）。Molinsky（2007）认为，当东道国的某些互动规范使外来者无法以适应本国文化的方式行事，也无法以适应本国价值观的方式行事时，身份冲突就产生了。对于外派人员来说，新的文化规范是陌生且不同的，因此，这些规范的某些方面有可能与个人的身份和价值观发生冲突，产生不适应（Molinsky，2007）。虽然移居国外的人可以通过学习和模仿东道国文化中适当的行为来更好地适应东道国，但他们也可以通过与自己的核心价值观不一致的行为来体验身份冲突（何蓓婷、安然，2019）。个体认可自身的已知身份赋予的意义，他们所认同和所属的群体，则可能在适应过程中出现一定的困难（Burke 和 Stets，2009）。

也有研究认为外派人员对新身份的适应有助于帮助个人在社会行为中找到角色位置，促进稳定关系的发展，并使社会互动适应成为可能（Burke 和 Stets，2009；Burke，1991）。因此，就工作角色而言，具有自我驱动性的外派人员更能感知内在心理激励对自身事业发展的促进，（Hussain 和 Deery，2018）可以将自己视为总部的变革推动者，并且产生更强的心理驱动来开创组织在东道国的新事业（Hussain 和 Deery，2018），进行更好的职业适应。学者们建议跨国公司在管理外派的过程中，需要注意外派人员的身份、行为引起的适应变化（Bartlett 和 Ghoshal，1991；Vora、Kostova 和 Roth，2007），当身份和行为的冲突或个人工作愿景与工作环境冲突时，外派员工极易产生倦怠和不适应，导致员工个人主动离职（Kraimer、Shafeer、Harrison 和 Ren，2012；Stahl、Chua、Caligiuri、Cerdin 和 Taniguchi，2009）。工作角色身份导致的适应困难或角色困难问题将影响外派工作的开展，这依然是值得关注的问题（Hussain 和 Deery，2018）。

综合来看，外派人员的跨文化能力、组织承诺以及外派适应，涵盖了外派人员在工作中可调动的重要的能力、心理动机和发展机会。与“能力—动机—机会”框架总结的人力资源高绩效表现的三个维度密切相关，相互契合，本节通过对跨文化能力、组织承诺以及外派适应相关概念进行回顾，梳理其主要的研究问题，为后续研究开展做好文献准备工作。

2.3 可持续发展相关概念

企业可持续发展是企业的一项重要战略，该战略要求企业在追求自我生存与永续发展的同时，要考虑组织利益相关者的要求（Dyllick 和 Hockerts，2002）。可持续发展的观点最初仅强调经济绩效（Porter，1985），随着环境对组织存续的重要性与日俱增，仅考虑经济利益的价值观受到了质疑。研究指出，企业可持续发展的目标应该将生态平衡与经济绩效共同纳入发展的规划步骤中（Baumgartner 和 Ebner，2010；Hart 1995；Russo，2003；Sharma 和 Ruud，2003）。强调生态效益（eco - effectiveness）的观点认为，组织应当重视污染治理、生态环境共建，注重生态可持续性，为自然环境谋求公平与效率（Bansal 和 Roth，2000；Chen 等，2008；Sharma 和 Henriques，2005）。Hart（1995）认为，企业不应推卸对自然环境的责任，仅从提升盈利能力的角度考虑组织发展是不能长久的。随后，有研究者将社会共同利益的发展与企业伦理联系在一起考虑，提出企业可持续发展应兼顾社会效益（Brown 和 Dacin，1997；Chan，2005；Christmann，2000；Molnar 和 Mulvihill，2003；Muñoz、Capón - García、Laínez、Espuña 和 Puigjaner，2013）。因此，企业可持续发展的主流观点认为，社会发展、经济发展与环境发展缺一不可（Chang 和 Kuo，2008；Moizer 和 Tracey，2010；Ness 等，2007；Baumgartner 和 Ebner，2010；Erol 等，2009；Lo′pez 等，2007；Marrewijk，2003）。

近年来，可持续发展的相关研究逐渐注意到，平衡可持续的发展观念不应忽视经济组织中人员群体的利益诉求（Hong 和 Kim，2019）。人的行为活动是串联起生态、社会、经济整个价值链的关键环节。本研究借鉴可持续发展目标和构建维度，将人的发展需要纳入跨国公司整体系统中，用可持续的观点来检验和指导中国跨国企业外派管理的实践。

外派人员有促进海外子公司经济发展的使命，经济绩效发展是海外子公司承担社会责任的基本条件，经济绩效和东道国社会的平衡发展是维持外派人员幸福感的重要条件（Hong 和 Kim，2019）。因而，可以构建中国跨国企业可持续外派管理的多维度理念——即外派人员实现海外子公司永续发展的经营过程中，既要创造经济绩效增长，又要助力企业履行社会责任，还要保持对自我幸福感的追求。可持续发展的目标应当与外派管理的框架相结合，统筹发展外派人员的能力、动机和机会。所以，应从创造子公司经济绩效，企业社会责任和外派工作幸福感方面进行回顾。

2.3.1 海外子公司绩效

经济绩效是可持续外派能力构建的首要任务，只有提升子公司经济绩效，才能确保解决海外子公司生存性问题（Chow 和 Chen，2012）。子公司的经济绩效是评价海外派遣绩效的重要因素，在子公司经济绩效层面，外派人员的能力发挥显著作用（Tomassen、Benito 和 Lunnan，2012）。子公司经济绩效涵盖资产运营、财务效益、资本保值增值等经营成果。为了保证海外子公司经济绩效，组织通过外派人员沟通协调能力，建立与母国总公司的资源沟通渠道，获得母公司的高管团队的支持，形成资源聚集。子公司拥有的核心外派管理人员数量影响着其子公司社会资源绩效的优劣（Colakoglu、Tarique 和 Caligiuri，2009）。此外，外派管理实践能通过发挥外派人员的感知能力、知识承载能力、学习能力，通过激活母子公司间知识转移的机制，构建竞争优势，促进高质量经济绩效转化，推动海外子公司发展（Lipsey、Ramstetter 和 Blomstrom，2000）。同时，外派人员在当地社区发挥交互能力，通过交流、沟通，发挥外派人员人际交往能力，互动行为显著增多，嵌入本地环境，获得外部合法性资源。外派人员能将母公司层面的企业文化、独特经验等通过社会化过程或者合适的培训机制转移至当地管理者及员工，促使东道国员工学习相应的知识、经验和技术（Bonache 和 Brewster，2015；Hocking 等，2004）。Wang、Tong、Chen 和 Kim（2009）与 Chang 等学者（2012）在研究中发现，对知识转移有动力、能力和适应性的员工进行海外派遣能提升海外子公司的绩效；研究者（Birkinshaw、Hood 和 Jonsson，1998；Edwards、Ahmad 和 Moss，2002）认为外派人员在帮助海外子公司构建竞争优势方面也发挥着重大的作用。外派人员能够将母公司特有的且具备难以模仿性和难以替代性的战略资源应用到海外子公司（Barney 和 Wright，1998），并通过在东道国有效的团队合作帮助子公司形成可持续的竞争优势（Colakoglu 等，2009），进而使子公司获取更高的盈利能力与市场地位（Wernerfelt，1995）。

2.3.2 企业社会责任

对于中国跨国企业的海外子公司而言，企业的经济绩效已不再是唯一的绩效标准，子公司作为企业公民（corporate citizen），其成功与东道国社会与社区的健康发展密不可分（Organ，1988）。组织合法性与组织存续是无法仅靠经济上的成功获取的。为了实现可持续发展，企业需要同时关注财务绩效的竞争视角以及组织合法性的制度视角，并将二者结合起来指导组织运营（Deephouse，1999）。其中，社会绩效是企业绩效的一个重要指标，是由企业的社会责任原则、社会事务响应过程以及政策、计划和可观察到的结果组成（Wood，2010）。企业的社会绩效是一个多维度的、能够反映各利益相关者不同利益的指标（Muller 和 Kolk，2010）。拥有良好社会绩效的企业，在竞争过程中具有更明显的竞争优势（Muller 和 Kolk，2010）。而对于海外子公司来说，社会绩效受到两方面要素的影响。其一是在母公司内部对社会绩效的管理机制，其二是子公司在东道国当地履行企业社会责任的执行效果。

首先，由于跨国企业能够通过层级管理机制将母公司的企业制度传递到子公司（Buysse 和 Verbeke，2003；Christmann，2004；Ruud，2002）。管理质量高的企业一般具有优异的社会绩效（Rothenberg 和 Hull，2008；Waddock 和 Graves，1997）。企业管理质量与企业社会绩效之间存在正相关关系（Garcia－Castro 等，2010；Waddock 和 Graves，1997）。Sambrook（2003）预测，随着人力资源开发的成熟，国际人力资源管理将在促进企业社会责任的活动中发挥更大的作用。因此，当跨国企业将社会责任行为纳入企业的组织流程与控制结构时，跨国企业子公司的社会绩效将得以提升（Muller 和 Kolk，2010）。跨国企业外派人员参与管理有助于建立更公正、民主、可持续的工作场所、社区环境（Bierema 和 D′abundo，2004），促进企业在履行社会责任的活动中发挥更大的作用。

其次，社会资本理论指出，外派人员与社会网络中其他成员的关系可被视为帮助海外子公司提供社会资源的直接渠道，外派人员可以从中获取信息支持、工具性支持、情感支持与反馈信息（Adler 和 Kwon，2002；Lin，2001）。外派人员如不能很好地适应东道国当地文化，即使继续留在海外也难以很好地完成派遣任务，或有损子公司声誉，或丧失海外商机与市场占有率（Black 和 Gregersen，1991；Naumann，1993）。跨国企业通过培训、学习及职位安排，在与东道国本土员工的互动中（McEvoy 和 Parke，1995），增强其参与意识和使命感，提高对企业社会责任的承诺程度（Caligiuri、Mencin 和 Jiang，2013）。对于具有社会责任感的外派人员，一方面，他们能对东道国当地的文化生活产生更深刻的认知，进而能够更全面了解东道国法律、社会、公众等利益相关者对子公司的社会责任要求（Rupp、Shao、Thornton 和 Skarlicki，2013）；另一方面，他们也具备更好开展社会责任行为的实践能力，并最终给企业带来较好的社会绩效。

然而，由于企业社会责任难以界定（Wood，2010），跨国企业海外子公司在东道国的社会绩效问题一直未得到足够的关注。基于 Maignan 与 Ferrell（2000）提出的企业社会责任定义，本研究认为企业社会绩效应从利益相关者的角度来考虑，并可以被定义为"企业对利益相关者所要求的法律、道德与自行量裁责任的承担程度"。与"股东至上"视角不同，利益相关者视角认为组织不仅需要考虑企业所有者的利益，还应考虑包括政府、商业协会、社区、供应商、顾客以及员工在内的其他团体的利益（Paul、Meyskens 和 Robbins，2011；Freeman，1984）。利益相关者视角被视为是支持企业社会责任和企业社会绩效的基础理论（Clarkson，1995；Donaldson 和 Preston，1995；Freeman，1984）。该理论在考察财务绩效的同时，也强调了企业的社会绩效（Jensen，2005）。然而，企业社会绩效（CSP）与企业社会责任（CSR）虽然密切相关，但二者应当被区分对待，因为后者是企业必须履行的责任之一，履行企业社会责任有助于社会绩效的产生，同时履行企业社会责任也可能产生一定的经济绩效（Fan 等，2014）。

2.3.3 外派人员幸福感

外派人员是跨国企业海外子公司可持续发展的关键动力，与外派工作相关的幸福感是企业和个体共同关注的问题（Hong 和 Kim，2019；Silbiger 和 Pines，2013）。主观幸福感视角认为工作幸福感是个体对工作的一种认知评价和积极情感，它强调工作幸福感的主观、快乐和享受（Brock 等，2008）；心理幸福感视角认为工作幸福感是个体对工作目标和潜能充分实现的心理感受和愉悦体验，它强调工作幸福感的客观、意义和发展（Sirgy 和 Lee，2018；Wang 和 Kanungo，2004）。但是，Black 和 Gregersen（1999）的一项研究表明，在美国工作的外派经理中三分之一的受访者表示没有达到上级的期望。10%—20% 的受访者因不适应导致心理失衡，提前结束外派工作。工作角色转变为外派人员的心理调节和行为表现带来了全新的挑战和压力（Wang 和 Kanungo，2004）。

为了破解外派人员压力感过大、适应困难大等难题，许多研究尝试从不同的角度对幸福感转化机制及获取路径进行研究。社会认同理论相关研究认为，个人倾向于在跨文化环境中寻找机会与相似同类进行互动，在互动过程中可以进一步强化自身的信念、情感及行为（Clarke 和 Mahadi，2017）。但是，外派环境下这种互动机会减少，导致幸福感降低。有研究从个人—环境匹配理论（Cable 和 Judge，1997）解释了寻求社会交往机会和建立社会网络资源对外派人员幸福感的影响（Andresen、Goldmann 和 Volodina，2018）。当个人—组织匹配程度较高时，员工在组织中将会增加与同事的交往行为，获得和谐的人际关系和组织氛围，外派人员愿意对海外子公司产生较强的归属感并在工作中获得更多的快乐，员工对组织和工作的主观评价提高，从而提升工作幸福感。因此，拥有交往机会、交流机会的外派人员职业幸福感更高。有研究围绕组织支持感与员工工作结果之间的关系展开探索，发现当员工感知到较高的组织支持程度时（Wayne、Shore、Bommer 和 Tetrick，2002）员工的幸福感（Rhoades 和 Eisenberger，2002；van Knippenberg 和 Sleebos，2006）、情感承诺（Cropanzano、Howes、Grandey 和 Toth，1997；Eisenberger 等，1986）、公民行为（Shore 和 Wayne 1993；Moorman、Blakely 和 Niehoff，1998）都随之上升，员工的离职意愿降低（Wayne、Shore 和 Liden，1997）。Edwards 和 Rothbard（2000）的研究表明，当组织给个体的供给资源逐渐增多，如收入提高、升职、嘉奖等，当此类正面评价接近个体价值观时，个体的负面情感会降低，从而提升个体的幸福感（Van der Zee、Ali 和 Salome，2005；Andresen、Goldmann 和 Volodina，2018）。当外派工作与家庭发生冲突时，工作挤占了生活的时间和精力，导致外派人员幸福感下降（Bonebright、Clay 和 Ankenmann，2000；Sirgy 和 Lee，2018）。Claus、Lungu 和 Bhattacharjee（2011）认为，外派管理对员工外派适应性和个人绩效及幸福感产生影响。因而，对工作和生活掌握的机会能够帮助缓解压力，创造幸福感（Pinquart 和 Sörensen，2000）。

综上所述，本章对外派领域涉及理论、外派人员相关概念和可持续发展相关概念进行回顾、梳理和总结。同时，本章对相关研究概念进行了着重的介绍，明确了其概念、维度划分，为随后探究可持续外派管理对跨国企业海外子公司社会绩效与经济绩效以及对外派人员幸福感的影响机制作理论铺垫，力图在后续章节加深对中国跨国企业外派管理的理解和研究。

第 3 章

研究方法

第2章

AI纪元前

本研究主要遵循定量研究方法的基本原则，科学展开问卷思路设计、问卷发放、数据收集、样本整理的相关工作，在取得样本基础上对通过问卷取得的数据进行分析，并对研究假设进行验证。本章将从总体角度对研究方法进行介绍，内容包括：对样本的选择和问卷调研开展的步骤；对数据的初步特征分析；信效度检验总体方法；数据回归的总体思路。

3.1　研究设计

3.1.1　问卷设计

调查问卷法适用于关注员工心理、动机、认知、态度和行为结果的研究，包含与研究理念高度相关的潜变量和具体题项，已经成为管理学、心理学和社会学等学科定量研究的重要应用工具。本研究的主题“可持续外派管理”涉及外派人员在海外工作中的能力、心理、态度、行为和结果等重要变量，同时也包含针对总部管理层回答的总部的战略制定、人力资源制度制定相关问题概念，因此在问卷设置上有别于一般问卷设计。本研究问卷分为双层设计，将假设关系中涉及的关键结构进行分离。具体来说，公司总部问卷由了解公司外派战略的高管团队成员（如总经理、首席人力资源执行官）填写，海外子公司问卷由正在海外子公司承担外派任务的外派人员或有过外派经验的回任员工填写。设计安排从根源上防止共同方法偏差出现。为了保证问卷调查的客观性、准确性和有效性，问卷设计需要遵循以下原则。

一是内容合理性原则。问卷中题项设计要坚持合理性原则，保持客观、中立的题项设计，避免提出具有明显偏向性问题。每个题项有且仅有一个问题，避免双重或多重含义造成填表人混乱。题项含义指示明确，避免语义模糊。选用简单易懂的表述进行提问，避免使用艰涩词汇或过于专业的术语表达。问卷应控制长度，减少填答者填写时间，便于问卷的发放和回收。为避免无效问卷出现，还应在题项问题上设置反向提问问题，以检测所填写问卷的合理性，判断问卷质量。

二是题项次序合理性原则。题项次序安排以先少后多、先易后难、先简后繁为排序逻辑。结构性问题在前，非结构性问题在后。关于性别、年龄、行业等问题安排在问卷的最后提出。

三是完备互斥原则。题项在内容上应尽可能涵盖所研究的概念，做到获得信息完备；在质量上，应尽量避免问题重复，提高问卷质量；在数量上，应尽量保证同一概念题项尽可能数量最少。既简明又完备，同时问题互斥不重复。

问卷设计在坚持以上原则、避免遗漏或冗余的同时，还应在设计程序上做到以下几个方面，在步骤流程上保证问卷信效度。

一是以文献研究为基础。对文献的深入挖掘是做好问卷设计的基本保障，一般认为已被广为采纳的成熟量表具有较高的内容效度，因此，本研究在广泛阅读文献的基础上，选用学界普遍接受的成熟量表，并在成熟量表基础上，结合本研究的中国跨国企业情境进行适当的修改，最终加以应用。

二是加强专家评议和学术交流。针对问卷内容多次与导师进行讨论，并向学术领域专家请教。在导师和专家指导下对问题逻辑、语言表述、措辞进行修改，对不适用问题进行删减。

三是进行企业访谈。在访谈中对跨国企业高层管理人员进行调研，结合他们的实际情况对问题进行完善，力图做到简洁明了，通俗易懂，且符合国情、符合实际。

四是双语互译。问卷设计初步以英文的形式完成，并由两名人力资源专业的双语研究者译为中文。出于准确性考虑，再次将中文问卷进行反向翻译之后与原版英文问卷进行对比，以减小理解上的偏差。

五是进行问卷小范围预测试。在中国工商管理硕士课程中进行了中文版问卷的预测试，以检测中文阅读者对问题的含义理解是否存在偏差。

3.1.2 调研过程

本研究在 2017—2018 年通过调查问卷方法进行数据收集，选取在国家发改委对外投资备案企业作为主要的考察目标企业，收集了企业在发改委备案的公司规模、子公司规模、员工人数和海外经验，来保证发放问卷对象所在的企业实际在海外经营子公司，并派驻外派人员进行管理和运营，从中筛选出167家符合这一标准的企业。样本包括央企、国企和民营企业，涵盖制造业、能源、矿业、建筑、金融、服务、信息技术、出版等领域。

为防止共同方法偏差出现，本研究设计的问卷分为两部分，将假设关系中涉及的关键结构进行分离。根据问卷设计要求，须保证同一企业中“高管层—外派人员层”按相对应的形式填写，因而，问卷首选以公司为单位进行发放。通过电话和电子邮件与目标企业联系，向企业人力资源部门相关负责人就问卷的内容和发放目的进行说明。通过沟通后，取得企业理解和许可，再通过指定的电子邮件向公司的人力资源部发放总部问卷和外派问卷。由企业人力资源部门集中确定符合填写问卷要求的员工和高管。在问卷发放前，要求参与者根据职位和是否有外派经验进行自检，从而进一步筛查过滤数据源。企业外派人员填写的问卷与总部高管问卷一起进行回收。

在问卷回复者中，33.9%来自人力资源经理或外派高管，其余66.1%的回复来自海外子公司的外派人员，并从企业的相关年报和资料中提取相关数据形成基本数据库。

随后，本研究进行了非响应偏差测试对自我选择问题进行检测，包括企业规模、企业性质、外派人员年龄、受教育背景、婚姻状况等信息。被调查者和非被调查者之间的t检验没有得到任何显著的结果。根据结果得出结论，没有证据表明存在自我选择问题。

3.1.3 样本特征

问卷基本情况如表3-1和表3-2所示。被试样本中男性占61.43%，女性占38.5%，表明外派人员中男性居多，该情况与样本企业的性质和当前中国外派人员的整体情况相符；被试样本中，89.2%的外派人员年龄在40岁以下，表示外派人员的年龄相对较小；被试样本中，大学学历和研究生学历占总人口比例的87.5%，显示出外派人员学历素质水平较高，可能也跟问卷采集样本所属企业行业以及问卷填答者中多为海外子公司中层管理者有关；被试样本中，婚姻背景结构分布较均匀；拥有海外教育背景或之前有外派经验的人数占比均不超过30%，说明多数外派人员的海外经验有限。

从被试外派人员所属企业来看，来自国有跨国企业的外派人员占比40%，外派人员多属于第一、第二产业（农业及轻、重工业），占总人数的62.45%，基本反映我国外派人员的样本特征。

表3-1 外派人员基本特征

人口样本特征				
属性	分类	数值	有效百分比	累计百分比
性别	男	172	61.43	61.43
	女	108	38.57	100
	总计	280	100	
年龄	20—30	126	45	45
	31—40	124	44.2	89.2
	41—50	26	9.4	98.6
	≥51	4	1.4	100
	总计	280	100	
教育背景	大专学历	13	4.6	4.6
	本科学历	141	50.4	55
	研究生	104	37.1	92.1
	博士	15	5.4	97.5
	其他	7	2.5	100
	总计	280	100	
婚姻情况	已婚有子女	112	40.0	40.0
	已婚无子女	61	21.8	61.8
	未婚	107	38.2	100
	总计	280	100	
海外教育经历	有	65	23.2	23.2
	无	215	76.8	100
	总计	280	100	

续表

人口样本特征				
属性	分类	数值	有效百分比	累计百分比
海外工作经验	有	73	26.1	26.1
	无	207	73.9	100
	总计	280	100	
海外派驻时长	1—6个月	70	25.0	25.0
	7—12个月	63	22.5	47.5
	12—24个月	60	20.4	67.9
	25个月以上	57	21.4	89.3
	其他	30	10.7	100
	总计	280	100	

表3－2　　外派人员企业基本特征

外派人员所属企业特征				
属性	分类	数值	有效百分比	累计百分比
企业性质	国有企业	112	40	40
	民营企业	92	32.9	72.9
	合资企业	34	12.1	85
	上市公司	37	13.2	98.2
	缺失	5	1.8	100
	总计	280	100	
企业所属行业	农业	10	3.6	3.6
	建筑	48	17.1	20.7
	能源	93	33.2	53.9
	冶金	2	0.7	54.6
	地产	8	2.85	57.45
	机械装备	14	5	62.45
	生物制药	10	3.6	66.05
	贸易	5	1.8	67.85
	出版	4	1.4	69.25
	IT	10	3.6	72.89
	金融	4	1.4	74.25

续表

外派人员所属企业特征				
属性	分类	数值	有效百分比	累计百分比
企业所属行业	投资	8	2.85	77.1
	文化旅游	10	3.6	80.7
	服务	12	4.3	85
	其他	42	15	100
	总计	280	100	

3.2 信度效度检验

本书所采用量表主要根据文献归纳，选取已被广泛接受的成熟量表，同时遵循理论框架，选择能够完整涵盖研究范围的测量题项，经专家评议判断，从而保证了量表具备充分内容效度。此外，还应检测 Cronbach's α 信度和结构效度、聚合效度和区别效度。信度代表测得变量的一致性和稳定性，可以反映量表测量是否真实。效度方面主要包括以下内容：内部结构效度是指测量指标是否具备单一维度性；聚合效度是指在使用不同方法测量同一概念时，所得测量值由于反映同一概念而高度相关；区别效度是指由观测值形成的概念和概念的差异性。本书将采取探索性因子分析和验证性因子分析法逐步对信效度进行判断。具体检测过程将在各个分研究中详细展开，从总体角度而言，信效度检验将包含以下几个步骤。

3.2.1 探索性因子分析

本书在量表内容效度初步具备的基础上，将开展探索性因子分析，对研究中各量表的信度效度进行进一步检验。各研究对所测变量进行 KMO 和 Bartlett 测试，再检测同一维度下个指标的聚合情况，其因子载荷量越大，说明内部结构越清晰，整体概念效度越高。参考的衡量标准来自吴明隆（2013）认为，KMO >0.6，Bartlett 值具有显著性，则可以采纳。若有需要则进行因子分析。在进行效度检验后，各研究根据所测变量情况，对各维度的一致性系数 Cronbach's α 进行检验。一个量表的信度越高，表示量表越稳定。本研究通过进行探索性因子分析，保证外派人员的各变量数据具有内部结构效度，属于同一个维度。

3.2.2 验证性因子分析

对本研究的测量量表的效度及测量模型与数据拟合情况进行验证。效度检验考察观测变量与潜在变量之间的准确程度。本书运用验证性因子分析的方法对所研究变量量表的聚合效度、区别效度进行分析，以进一步明确研究变量的维度。检验聚合效度和区别效度时，可采用结构方程模型法则，运用 AMOS 22.0 软件进行分析。首先，聚合效度方面，可通过测量标准化载荷的显著程度来表明被测量指标的聚合程度。聚合效度还可根据 Fornell 及 Larcker（1981）的研究观点，提取平均方差（AVE）作为评判效度的重要指标，AVE 建议值大于 0.5 时，具有较好的聚合效度。其次，区别效度方面，可以使用卡方差异检验法在 AMOS 22.0 中运算得出结果（吴明隆，2013）。

3.2.3 相关性分析

多重共线性分析借助 SPSS 22.0 软件进行，根据变量的膨胀因子检验（VIF）所得数值是否具有多重共线性问题。相关性分析将对各研究中所涉及变量进行初步的比较和衡量。但需要注意实施过程中，相关性不等同于因果性，也不是简单的数值差异化。相关性分析能够辅助了解研究中相关各变量之间的关联性，初步检验假设关系，为数据回归进行铺垫。一般而言，相关性检验中，结果的显著性标准 $p < 0.001$ 为及其显著，标为“***”以示区分。各主要变量的相关性分析将在随后章节中，结合变量逐一进行检验。

3.3 假设检验分析

本书在探索性因子分析、验证性因子分析和相关性分析之后，运用 SPSS 22.0 和 AMOS 22.0 对相关假设进行检验。本书三个定量研究分别选用结构方程模型和多元分层回归的方法进行检验分析。这是由其具体研究特点和测量工具的适用特点决定的，在此进行说明。

针对第 4 章，根据制度双元理论，该研究提出了外派高绩效工作系统对海外子公司绩效需要及自主性需要的应对路径假设，研究以海外子公司绩效和海外子公司自主性为因变量，为一因多果的研究，根据研究假设提出双路径的模型结构，检验方法上较适合利用 AMOS 22.0 对测量数据进行验证，从数据结果检验双路径模型存在的必要性和可行性。

对于第 5 章，该研究构建的理论假设模型中，包含了自变量（国际化承诺、本地化承诺）、因变量（海外子公司企业社会责任）之间的关系假设，又包含中介变量（外派人员组织承诺），为多因一果的研究，适合使用多层回归的方式将变量间关系清晰展示出来。因此，检验方法上运用 SPSS 22.0 进行回归，并分析数据结果。

对于第 6 章，根据资源保存理论，对自变量和因变量的关系提出了线性关系的假设。根据分析需要，为多因一果的研究，多元逐层回归能够在检测线性关系的前提下，分析检验二次项因变量与因变量的关系，且假设包含调节变量。因此适合多元回归的方式，逐层展开，检测工具上选用 SPSS 22.0 进行分析。

综上所述，本章围绕研究方法展开，简要介绍了本研究前期问卷设计的方法和原则，介绍了问卷发放过程和回收情况。问卷收回后，进行样本特征统计，帮助掌握问卷被测者基本情况，本章还对随后进行的各子研究中拟进行的信效度检验、相关性检验以及拟采取的定量分析方法进行总体描述。具体的检验过程将在随后章节展开介绍。

第 4 章

高绩效工作系统、外派人员跨文化能力与子公司绩效及自主性的关系研究

本章从制度理论的双元性问题出发，探讨跨国企业在制度双元情境下，从外派人员管理的角度如何应对制度双元压力，促进子公司经济绩效发展。本研究以中国跨国企业的280名外派人员为研究对象，运用结构方程模型对外派高绩效工作管理系统对海外子公司的绩效表现和自主性的影响路径进行研究。值得关注的是，研究假设外派人员的跨文化能力在此过程中起到了关键的作用。外派高绩效工作管理系统被认为对员工能力有显著的提升作用，而跨文化能力是外派人员完成工作的重要能力。检验过程围绕相关假设展开，在本章中进行详细分析，并在章节最后，根据研究结果为中国跨国企业在外派管理领域的实践提出切实可行的建议。

4.1　研究问题提出

跨国公司在海外建立子公司是一个在不同的制度环境下获得合法性的过程（Hillman 和 Wan，2005）。由于跨国公司的海外子公司既处于东道国的制度环境中，又属于跨国公司内部的制度之中，在制度理论视角下学者将这种情况称为“制度双元”（Kostova 和 Roth，2002；Nell 等，2015）。两种冲突的制度压力给海外子公司带来了诸多困境和挑战，现有研究主要围绕发达国家跨国企业到新兴市场国家投资时所面临的制度双元挑战，然而由于中国跨国企业在发达国家建立海外子公司时，在东道国制度环境下存在“外来者缺陷”和“来源国缺陷（liability of origin）”，即企业对外投资经验欠缺、海外治理制度不完备与母公司制度环境下政策管控影响交织（Halevi 等，2015）。子公司内部治理深受母国与东道国制度环境的双重复杂性影响，使制度双元带来的冲突在新兴市场国家跨国企业中表现更为严峻。已有的研究认为，组织内部的制度要求和东道国制度要求无法自然调和一致，因此海外子公司往往必须在两种相互竞争的逻辑中选择一种进行适应，或者服从内部制度要求，或者适应外部制度压力（Souitaris 等，2012）。另一些研究者进而发现在制度双元压力下，新兴市场的跨国企业致力于构建自身的双元能力——既要在当下业务发展中拥有稳定的高绩效表现，又能对东道国的不确定性拥有足够的弹性，要求子公司在冲突目标间保持平衡，既保持短期的生存能力又保证长期的可持续发展。

此外，最近一些研究从微观层面关注企业的员工行为和人力资源管理对组织行为的影响，强调人力资源是重要的组织资源，员工角色行为会对子公司发展产生影响，员工个体管理活动影响子公司绩效和子公司目标从而获得竞争优势，这可能会帮助企业获得内外部合法性，并保持其长期竞争优势（王朝晖，2016）。特别是新兴市场跨国企业，其国际化经验较少，后来者劣势压力大，但目前在这方面缺乏充分的实证研究。因此，本书着力研究以中国为代表的新兴市场国家情境下，实施外派高绩效工作管理系统对中国跨国企业海外子公司绩效和自主性的影响。除高绩效工作系统之外，文化距离对跨国企业影响极大。外派人员的跨文化能力嵌入通过管理获得合法性，直接影响海外子公司绩效和自主性（Parida 等，2012）。以提高绩效和自主性为目标，组织往往需要利用合理的工作系统安排来促进员工在海外环境中的跨文化能力。本研究试图回答以下研究问题：高绩效工作系统是否能通过外派人员跨文化能力影响新兴市场跨国企业海外子公司绩效和自主性？为回答这一问题，本研究回归检验了高绩效工作系统对海外子公司绩效和自主性的影响，并进一步检验了其中的作用机制。

4.2 理论分析

4.2.1 制度双元性

“制度双元性（institutional duality）”是指跨国公司必须兼顾来自母国总部与东道国的两种制度情境对企业的双重要求，同时应对组织内部层级结构带来的制度压力和外部东道国的制度压力（Xu 和 Meyer，2013）。制度双元性影响了海外子公司治理和外派人员的行为（Kostova 等，2008）。由于制度在组织特性的塑造过程中影响极大，因此合法性作为一种获取资源的途径是新兴市场跨国公司海外子公司特别关注的问题（Dacin，1997；Díez - Martín 等，2013）。从制度双元角度看，海外子公司的外部合法性是指它被东道国接受或认可，而内部合法性是指它被母公司或内部其他组织接受或认可（Kostova 和 Zaheer，1999）。已有研究已经认识到不同制度环境下的规则或规范会使海外子公司面临冲突，从而增加海外子公司获取内外合法性的难度（Pu 和 Soh，2018）。以获取组织内合法性为目的，海外子公司会采用母公司认为合理的政策，遵从总部内部制度认可的实践要求，提高绩效（Peng 和 Beamish，2019）。然而面对东道国制度压力，海外子公司需要从母公司获得自主权，开展适应东道国的合法性实践（Yiu 和 Makino，2002）。内外部合法性的重要性和其带来的压力使组织必须在相冲突的目标中进行权衡，如果外派人员能够在完成外派任务的工作过程中合理安排时间和精力，平衡组织内部岗位和东道国外部环境的要求，海外子公司就能更好地平衡绩效和自主行为，适应组织内部和外部的制度环境。Ghoshal 和 Barlett（1994）的研究认为，纪律、目标、员工支持是实现组织的内外部适应行为平衡的重要途径。

4.2.2　“能力—动机—机会”理论

“能力—动机—机会”理论是高绩效工作系统（high performance working system，HPWS）的核心概念（Appelbaum 等，2000）。“能力—动机—机会”理论强调，发展个体的能力、工作动机以及交流机会是促进员工绩效提高的根本途径。能力是指完成工作所必需的知识、技能和经验。动机关注员工在工作中的意愿强度以及意愿持续度。交流机会为员工在工作环境中提供了帮助任务完成的相关资源。Argote 等（2003）在研究中提出要全面地提升员工的能力，促进员工动机产生，并给员工创造与资源接触的机会，以此提高组织的绩效表现。据此在深入分析人力资源与组织绩效两者之间的联系时，“能力—动机—机会”理论为研究提供了可借鉴的微观基础。组织通过对企业目标的具体管理进行更专业化的学习，进而将组织的知识资源转化为组织中员工个体的知识资源，对个体员工的认知和行为模式进行塑造和影响（Latorre 等，2016）。通过对员工树立较高目标理想、提高工作效率、践行高标准的行为进行奖励，可以帮助组织实现高绩效目标（Luna - Arocas 和 Camps，2007）。一方面，绩效工作系统中的外派前培训、薪酬激励、福利待遇以及内部晋升等政策能够减少外派人员的自利行为，促进交流与合作，引导知识和经验的分享，更好地发现和把握市场中的新机会，提升组织的绩效（Obeida 等，2016）。另一方面，给予员工自主权可以提高员工支持度，更适应东道国合法性要求。在外派人员与当地社群中建立畅通的沟通机制、在组织内营造公平的氛围、提高员工的参与度可以建立外派人员与子公司和东道国的信任关系（Audenaert 等，2019）。因而本研究认为"能力—动机—机会"理论为解释外派人员发展与子公司适应内外部制度要求提供了可能。

现有关于"能力—动机—机会"理论的文献多强调高绩效工作系统对海外子公司绩效的影响，但未充分解释高绩效工作系统如何在矛盾的内外两种合法性要求下平衡绩效表现与自主性表现，因此本研究提出一个包含双路径的综合模型，将绩效与自主性同时作为结果变量，并用外派人员跨文化适应能力来解释其作用机制，原因如下：首先，"能力—动机—机会"理论认为，员工能力、动机和机会能够在初始阶段促进其他隐形能力（如跨文化能力）的培养，进而形成对组织行为表现和绩效表现的支撑。其次，制度双元视角下，对于外派人员来说，满足海外子公司外部合法性与组织内部合法性要求这两个目的是并重的。因此，有必要建立一个双路径综合模型来研究高绩效工作系统如何通过外派人员跨文化能力集成提升海外子公司的绩效和自主性。

4.3 研究假设

对于跨国公司总部而言，海外子公司潜在的寻租行为可能导致交易费用增加，因而总部更倾向建立一种机制，以确保海外子公司的行为符合跨国公司整体的最佳利益。如果不仔细监测、观察和评价当地子公司的自主性活动，子公司的寻租行为就可能导致交易费用增加。因而总部更倾向于引入特定的管理机制，以减少子公司自主行为带来的隐患（O'Donnell，2000）。人力资源管理系统通过培养能力切合岗位需要的员工，使员工活动和组织发展方向相协调，个体通过对已有知识进行创新或者利用，为组织创造出独有的核心知识，从而提高组织绩效（蒋建武和赵曙明，2007）。所以，外派人员是确保子公司服从总部组织工作安排和保证业务绩效的关键手段（Rozkwitalska，2012）。使用高绩效工作系统的核心目的是提升组织整体绩效，在客观上提升员工的工作能力，提高了员工对工作任务的管理控制能力，强化了对员工和子公司的控制（Latorre 等，2016）。高绩效工作系统以"能力—动机—机会"理论为核心的原因在于：首先，高绩效工作系统以外派人员能力为首要着力点，为外派人员提供培训机会、晋升渠道并帮助外派人员适应海外工作环境，从而为海外子公司绩效提高提供了前提保证；其次，绩效薪酬和内部选拔晋升等政策提升了外派人员的参与动机，同时正向的外派动机有助于促进外派人员对组织的信念感、归属感；最后，外派人员进行决策的机会使他们在实践中积累经验、应对挑战，海外的经验积累使个体和组织两方面同时增加了知识和技能存量。Obeidat 等（2016）认为，高绩效工作系统中既包含了与动机激励和目标树立相关的任务实践，也包含了与员工支持和交流信任相关的内容实践，并且他们在实证研究中验证了高绩效工作系统对相关组织绩效的正向影响。因而本研究提出假设 1。

假设 1：外派高绩效工作管理系统对海外子公司绩效有正向影响。

过去 20 年，许多关于子公司自主性的研究都围绕自主性与跨国公司治理、去中心化、知识转移等问题进行探讨（Young 和 Tawalas，2004），本研究将子公司自主性视为子公司在战略、职能和本地运营领域拥有决策权的程度（O'donnell，2000）。Luo（2003）认为子公司的独立性使其业务策略更加适应本地市场条件。从微观员工行为层面的研究发现，子公司自主性的增加会促进员工学习，刺激知识技术的扩散（Young 和 Tawalas，

2004)，促进子公司与当地的合作，从而获得外部合法性来增加子公司的竞争优势（Kostova 和 Marano，2019）。Luo（2003）认为，当母公司管理层将更多的选择留给子公司管理者时，应对环境动荡的自主反应机制就被触发。子公司在外部制度压力下，更有可能对特定产品的生产过程承担全部责任，这些行为会增加子公司决策自主权使用范围（Beugelsdijk 和 Jindra，2018）。Takeuchi 等（2008）指出，在外部环境具有不确定性的情况下，鼓励中层管理者参与战略决策的公司的绩效表现更突出。一些研究认为子公司的创业行为与自主性增加相关（Ambos 等，2006），子公司在东道国中的嵌入性促进了组织间网络关系的发展（Lazarova 和 Peretz，2017）。根据“能力—动机—机会”理论，外派人员能够识别从当地学习创新的机会，或能够充分挖掘本地资源（Bos - Nehles 等，2013）；同时子公司能够通过外派人员增加与本地合作伙伴的交互频率，减少对本地知识的信息不对称问题，强化外派人员的本地承诺（local commitment），而本地承诺使外派人员的适应性和互动行为显著提高，因此以“能力—动机—机会”为核心的高绩效工作系统有助于海外子公司嵌入本地环境，获得外部合法性，形成可持续竞争优势（Gulati、Nohria 和 Zaheer，2000）。在中国的外派管理和中国企业海外子公司管理实践中，我国外派人员进入东道国往往都面临语言技能差异和环境适应性能力问题，企业在对员工的关怀、培训、活动参与以及与员工建立持久心理连接的机制方面还不完善。这些差异和不足使中国外派人员在东道国承受更大的制度压力。因此提出假设 2。

假设 2：外派高绩效工作管理系统对海外子公司自主性有正向影响。

Johnson、Lenartowicz 和 Apud（2006）将跨文化能力（cross - cultural competence，CCC）界定为在海外情境中可以与具有文化差异背景的同事或客户共事的能力。后续的研究进一步发现，跨文化能力更关注 IB 背景下的工作表现，尤其是外派人员在多元文化环境下领导、激励和管理的能力（Bird 和 Mendenhall，2016）。本研究选择跨文化能力作为中介变量，是因为该变量既受到外派人员的技能、动机、机会等个人层面因素影响，又强调能力在东道国工作场所中产生的跨文化行为结果和绩效。

已有研究者从“能力—动机—机会”理论视角的能力、动机、机会三方面对跨文化能力进行解释。首先，从能力、技能方面，外派人员的语言能力、交往能力、感知能力等被认为是组成跨文化能力的重要部分（Wang等，2015）。对外派人员进行甄选、反馈、技能培训等人力资源活动，能够帮助外派人员提高沟通和语言理解的能力，共享企业专有知识，对东道国当地知识的学习也能加深外派人员对制度文化差异的理解。其次，从动机角度，跨文化能力中包含的适应性能力可能与内在激励高度相关。组织采用高绩效工作系统意味着其管理进入了“承诺模式”，即组织通过员工关怀、培训使外派人员产生更高的组织承诺，适应海外工作环境（Bird和Mendenhall，2016）。最后，从机会方面，对市场机会的识别和开发，增进了外派人员与供应商、顾客和监管机构的有效互动。Peltokorpi（2008）认为，在当地的交流机会可以帮助外派人员学习适当的东道国价值观，从而能够在工作中建立和维护与东道国国民的友好关系，有助于外派人员克服适应障碍，提高跨文化能力。因此，本研究提出假设3。

假设3：外派高绩效工作管理系统对外派人员跨文化能力有正向影响。

外派人员跨文化能力由三个能力集群组成，包括自我维持、感知和人际交往能力。这些技能反映了外派人员在东道国环境下处理压力、文化冲突以及制度距离时的情绪稳定性、认知复杂性和社会技能掌握程度，在很大程度上预测了外派人员成功与否（Lokkesmoe等，2016）。研究发现，语言和沟通技能在信息共享、消除误解和促进工作合作方面非常重要（Tenzer等，2014）。从社会动态的角度来看，外派人员必须与东道国建立和维持联系，并通过与当地员工的适当互动和合作来完成任务（Sit等，2017）。通过适当的社会化，外派人员也能够在东道国环境中与当地形成相互支持的关系，从而获得隐性的当地知识和关键信息，以帮助他们作出决策（Farh、Bartol、Shapiro和Shin，2010）。沟通技巧能够捕捉语言能力之外的特征，包括沟通意愿以及在对话中解释非语言线索的准确性（Mendenhall M和Oddou，1985）。高水平的沟通能力是跨文化能力的体现，沟通能力帮助中国外派人员获得下属的信任，通过有效的沟通提高工作绩效。基于美国、英国、法国和澳大利亚等多国外派人员的研究结果发现，有效的沟通能够提高工作绩效（Peltokorpi，2008；Seak和Enderwick，2008）。基于此，本研究提出假设4。

假设4：外派高绩效工作管理系统通过跨文化能力影响海外子公司绩效。

跨国公司子公司自主性强调子公司主动地用子公司的能力和资源对市场机会进行积极追求的过程。因而自主性需要外派人员与当地环境高频互动。跨文化能力所包含的感知能力和人际交流能力，对外派人员与东道国情境的互动具有重要影响。感知能力与自主性活动相关，因为外派人员对东道国预期的准确性被认为是与东道国国民进行有效互动和沟通的先决条件（Rickley，2017）。Shin等（2012）认为，感知技能使外派人员能够调整自己的价值体系，以理解和接受超出他们预期的东道国活动，使沟通和互动更加有效。此外，有效的人际交往技能可以增加与东道国交流的频率和深度（Ferner等，2005）。人际交往能力使外派人员能够更好地沟通和进行团队建设，并对当地市场竞争有更深入的理解（Lauring和Klitmøller，2015）。对于缺乏海外管理经验的中国外派人员，熟练掌握当地语言将有助于他们在各项活动中与当地团体进行互动，与东道国同事进行沟通。母国文化和东道国文化的巨大差异给中国的跨国公司带来了重大挑战（Fan、Zhu、Nyland，2012），所以中国外派人员也需要理解并融入东道国的文化价值观，以便有效地进行海外管理。因此，海外子公司在当地市场环境中发挥自主性开展活动、参与国际竞争，需要具备跨文化能力的中国管理者（Luo和Tung，2007）。因此，提出假设5。

假设5：外派高绩效工作管理系统通过跨文化能力影响海外子公司自主性。

整体模型假设见图4－1。

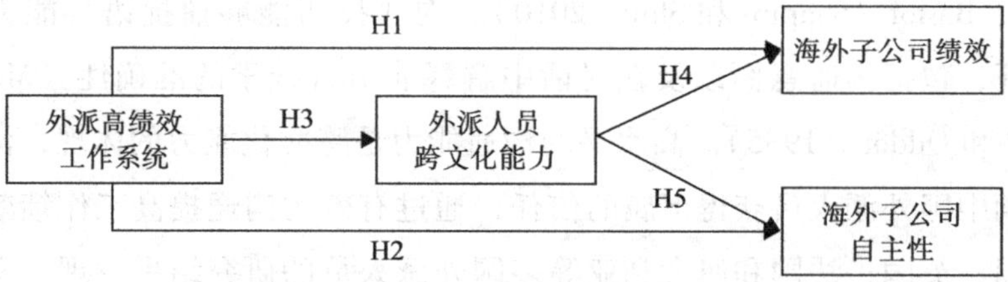

图4－1 研究假设

4.4　研究方法

4.4.1　变量解释

高绩效工作系统（HPWS）：本研究以高绩效工作系统作为自变量，在询问外派人员对公司开展的人力资源实践的体会和理解的基础上，通过该变量考察外派人员对 HPWS 的认知水平。采用 Sun、Aryee 和 Law（2007）等开发的量表进行测量，共包含 15 个题项，如“从内部提拔高层管理人员而不是从外部招聘”等。内部一致性系数 Crobach's α 为 0. 870。

跨文化能力（CCC）：采用 Leslie、Dalton、Ernst 和 Deal（2002）设计量表对外派管理人员的跨文化能力进行测量。本研究利用自我评价的方式来得出海外管理中的文化适应能力，已有许多研究在类似的调查中采用了相同的解决方法（Selmer、Lauring 和 Feng，2009）。该量表的题项包括：在多元文化环境中有效地发现和提升自己；能有效激励多元文化团队；以文化中立的方式评价他人的工作；能鼓励彼此相识；能与不同文化背景的人分享信息；能适应文化拓展的需要；能调整管理风格。对于每一个题项，受访者根据情况量表给出分值，从 1 = “完全不同意”到 5 = “完全同意”的评估。内部一致性系数 Crobach's α 为 0. 878。

海外子公司绩效（SubP）：本研究选用 Johnston 和 Menguc（2007）设计的海外子公司量表，涉及 11 个项目，包括两个维度的绩效——子公司运营绩效和财务绩效。通过受访者对海外子公司的绩效进行评估，从 1 = “非常差”到 5 = “非常好”。内部一致性系数 Crobach's α 为 0. 910。

外子公司自主性（Auto）：指子公司的管理团队可以自主决定子公司生产经营活动的程度。基于 Puck 的研究，使用 Likert 5 点量表测量子公司自主性。涵盖题项内容包含：战略决定；研究开发；生产；广告、营销；

预算责任；人事管理；收入分配以及子公司与当地公司的合作。来自海外子公司的受访者对项目的评分范围为1—5，1表示“完全没有”，5表示“非常强”。内部一致性系数 Crobach's α 为0.917。

控制变量：对以下变量进行控制：年龄（Age）、海外受教育情况（OEdu）、海外工作经验（ExpO）、教育背景（Edu）、海外派驻时长（Length）、企业性质（Own）、所属行业（Ind）。

4.4.2 探索性因子分析

由于研究采用结构方程模型的方法对数据进行验证，因此本章主要采用统计软件 Amos 22.0 进行分析，结合 SPSS 22.0 辅助进行信度效度检验，随后对结构模型进行验证。

本研究使用 SPSS 22.0 软件对使用量表测量的各变量内部一致性系数进行了检验，具体结果如表4－1所示。各变量的内部一致性系数为0.870—0.917，信度良好。

表4－1　问卷预试的信度分析结果

变量	项目	α值	参考值	结果
外派人员高绩效管理系统	16	0.870	0.7	信度良好
跨文化能力	5	0.878	0.7	信度良好
海外子公司绩效	11	0.910	0.7	信度良好
海外子公司自主性	8	0.917	0.7	信度良好

通过 KMO 和 Bartlett 球体检验，检验结果如表4－2所示。

表4－2　KMO 和 Bartlett 球体检验分析结果

量表	KMO值	近似卡方值	df	显著性概率
外派人员高效工作系统	0.706	3168.357	120	0.000
跨文化能力	0.852	715.152	10	0.000
海外子公司绩效	0.872	1920.661	55	0.000
海外子公司自主性	0.871	1546.241	28	0.000

由于本研究选用成熟量表，因而各概念内容效度较好。但是由于外派高绩效工作管理系统和海外子公司绩效所包含题项较多，从其量表设计的理论定义出发，并根据实际的主成分分析对两个概念进行内部维度细分。高绩效工作系统根据“能力—动机—机会”理论的三个维度进行细分内部维度后，更便于结构方程模型的检验。同样根据运营绩效和财务绩效两个维度对海外子公司绩效的维度进行划分，见表4-3、表4-4。

表4-3　外派高绩效工作因子内部维度划分

项目	因子载荷		
	能力（HPWS_A）	动机（HPWS_M）	机会（HPWS_O）
HPWS1	**0.812**	0.034	0.247
HPWS2	**0.759**	0.338	0.256
HPWS3	**0.723**	0.182	0.538
HPWS9	**0.803**	0.587	-0.004
HPWS7	0.264	**0.807**	0.283
HPWS8	0.452	**0.762**	0.259
HPWS10	0.272	**0.798**	0.178
HPWS11	0.137	**0.751**	0.194
HPWS12	0.343	**0.647**	0.594
HPWS13	0.328	**0.675**	0.370
HPWS5	0.338	0.106	**0.834**
HPWS6	0.354	0.175	**0.834**
HPWS4	0.396	0.113	**0.770**
HPWS16	0.295	0.131	**0.734**
HPWS14	0.510	-0.444	**0.648**
HPWS15	0.533	0.550	**0.628**

表4-4　海外子公司绩效内部维度划分

项目	因子	
	运营绩效（SuP_OP）	市场绩效（SuP_FP）
SubP1	**0.848**	0.223
SubP2	**0.910**	0.178

续表

项目	因子	
	运营绩效（SuP_OP）	市场绩效（SuP_FP）
SubP3	**0.620**	0.428
SubP4	**0.873**	0.094
SubP5	**0.850**	0.187
SubP6	**0.854**	0.123
SubP7	**0.643**	0.312
SubP8	0.152	**0.837**
SubP9	0.137	**0.885**
SubP10	0.163	**0.830**
SubP11	0.253	**0.701**

4.4.3 验证性因子分析

在效度评价方面，研究对概念的内容效度、聚合效度和区别效度进行了检验。首先，量表中各变量和题项均来自成熟量表和理论文献，因此具有较好的内容效度。其次，聚合效度方面，运算结果显示，全部题项的标准化因素负荷量值均大于0.6，大部分负荷量大于0.7。并且，所有题项的临界比率（CR）均大于标准1.96，且在0.001水平上显著。大部分概念的平均方差抽取量AVE值都在0.5之上，表示模型聚合效度比较高。AVE检验结果见表4－5。

表4－5　因子载荷量与主要信效度指标

潜变量	测量项	因子载荷量	临界比值（CR）	*P*	组合信度	AVE
外派人员高绩效工作系统	HPWS_M	0.904			0.872	0.696
	HPWS_O	0.837	12.033	***		
	HPWS_A	0.756	10.637	***		

续表

潜变量	测量项	因子载荷量	临界比值（CR）	*P*	组合信度	AVE
跨文化能力	CCC1	0.860			0.850	0.537
	CCC2	0.712	9.736	***		
	CCC3	0.800	10.917	***		
	CCC4	0.608	9.744	***		
	CCC5	0.654	11.498	***		
海外子公司自主性	Auto1	0.721			0.884	0.488
	Auto2	0.703	8.096	***		
	Auto3	0.620	7.143	***		
	Auto4	0.729	8.397	***		
	Auto5	0.617	7.111	***		
	Auto6	0.704	8.116	***		
	Auto7	0.732	8.426	***		
	Auto8	0.749	8.627	***		
海外子公司绩效	SuP_FP	0.976			0.922	0.856
	SuP_OP	0.871	12.386	***		

注：*** 表示在0.1%的水平上显著。

区别效度方面，分析比较了标准化估计和修正估计之间的卡方分布差异。根据表4-6结果，本研究中四个概念，采用受限模型（模型B）与未受限模型（模型A）的卡方值差异检验六组别配对情况，检测结果显示，受限模型（模型B）与未受限模型（模型A）自由度差异值均等于1，卡方差异值均大于10.827，显著性水平较高。因此，判断受限模型与未受限模型显著不同，即在二维度因素概念作为因子的测量模型之中，概念间区别明显，说明各概念间的区别效度较高。结合之前分析，此问卷所含变量的信度和结构效度均比较好，与实际数据契合度较高。

表 4－6　卡方差异检验

测量项	受限模型 B（单维度构念测量模型）			未受限模型 A（相关系数自由参数）			卡方值差异量（模型 B－模型 A）	自由度差异值
	ρ	df	χ^2	ρ	df	χ^2	$\Delta\chi^2$	Δdf
HPWS－CCC	1	20	217. 667	0. 21	19	127. 269	90. 398***	1
HPWS－SubP	1	39	629. 157	0. 29	39	468. 972	160. 185***	1
HPWS－Auto	1	44	305. 373	0. 09	43	85. 936	219. 437***	1
CCC－SubP	1	13	165. 191	0. 42	13	57. 722	107. 469***	1
CCC－Auto	1	65	402. 398	0. 19	64	110. 196	292. 202***	1
SubP－Auto	1	35	251. 455	0. 10	34	165. 640	85. 815***	1

注：*** 受限模型与未受限模型 $\Delta\chi^2 > 10.827$，在 0. 001 水平显著。

4.4.4　相关性分析

对本研究中变量进行多重共线性检验和皮尔森检验。本研究中所有变量通过膨胀因子检验（VIF），所得数值均小于3，排除研究中具有多重共线性问题。由表4-7变量的相关性分析可知，外派高绩效工作系统与跨文化能力（$r=0.283$，$p<0.001$）、外派高绩效工作系统与海外子公司绩效（$r=0.425$，$p<0.001$）、外派高绩效工作系统与海外子公司自主性（$r=0.232$，$p<0.001$）呈现正相关关系。外派人员跨文化能力与海外子公司绩效（$r=0.491$，$p<0.001$）、外派人员跨文化能力与海外子公司自主性（$r=0.324$，$p<0.001$）也表现出正相关关系，但是，所有变量的相关性系数没有超过0.5。因此，现有自变量、中介变量、因变量以及控制变量之间相关性较低。

4.4.5　假设检验

根据本研究所提出假设，运用AMOS 22.0软件构建双路径的结构方程模型并进行整体检验。根据检验结果，各项拟合指标中，RMSEA=0.063，接近于最优标准值；SRMR=0.076，小于之前部分中介模型和完全中介模型的水平，显示出较高的拟合优度。结果见表4-8，直观路径见图4-2。

结构方程回归模型显示结果，各路径系数符合理论构建，但所有路径中，自变量外派高绩效管理系统对因变量海外子公司自主性路径显著性不足（$\beta=0.064$，$p>0.05$）。其余路径，自变量外派高绩效管理系统对因变量海外子公司绩效的标准化路径系数显著（$\beta=0.181$，$p<0.01$）；自变量外派高绩效管理系统对中介变量外派人员跨文化能力标准化路径系数为（$\beta=0.480$，$p<0.001$）；中介变量外派人员跨文化能力对因变量海外子公司自主性标准化路径系数为0.312（$\beta=0.312$，$p<0.01$）；中介变量外派人员跨文化能力对因变量海外子公司绩效标准化路径系数为0.272（$\beta=$

表 4-7　　变量均值、标准误差与相关性分析

	Mean	S. D.	*HPWS*	*CCC*	*SubP*	*Auto*	*Age*	*OEdu*	*ExpO*	*Edu*	*Length*	*Own*	*Ind*
HPWS	3.797	0.0557	1.000										
CCC	3.410	0.0689	0.283***	1.000									
SubP	3.229	0.0701	0.425***	0.491***	1.000								
Auto	3.323	0.0601	0.232***	0.324***	0.123	1.000							
Age	32.45	0.488	−0.185	−0.300***	−0.273***	−0.087	1.000						
OEdu	0.250	0.036	0.330***	0.299***	0.329***	0.243***	−0.162**	1.000					
ExpO	0.340	0.039	0.078	0.261***	0.152*	0.000	−0.226***	0.229***	1.000				
Edu	1.630	0.794	0.327***	0.446***	0.415***	0.168**	−0.302***	0.453***	0.378***	1.000			
Length	21.210	1.656	0.352***	0.366***	0.472***	0.152*	−0.214***	0.376***	0.281***	0.467***	1.000		
Own	1.970	0.069	−0.170**	−0.118	−0.233***	0.222***	0.050	−0.207***	−0.264***	−0.303***	−0.340***	1.000	
Ind	6.600	0.439	0.068	−0.003	0.163**	−0.009	0.012	−0.074	0.026	−0.011	0.069	0.065	1.000

注：*HPWS* 表示外派高绩效工作系统；*CCC* 表示外派人员跨文化能力；*SP* 表示海外子公司绩效；*AUTO* 表示海外子公司自主性；*Age* 表示年龄；*OEdu* 表示海外受教育情况；*Edu* 表示教育背景；*ExpO* 表示海外工作经验；*Length* 表示海外派驻时长；*Own* 表示企业性质；*Ind* 表示所属行业。*** 表示在 0.001 的水平（双侧）显著；** 表示在 0.01 的水平上（双侧）显著；* 表示在 0.05 的水平（双侧）显著。

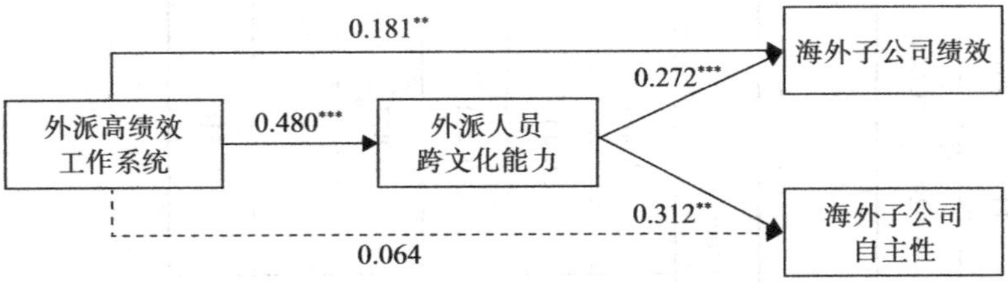

图4-2 双路径结构方程模型

注：Chi-square = 336.589，$p < 0.000$，CFI = 0.929，GFI = 0.852，IFI = 0.931，RMSEA（90% CI）= 0.063（0.050 - 0.075），SRMR = 0.076

0.272，$p < 0.001$）。结果显示，除假设2路径不显著，其余假设路径均成立。

为了进一步考察和验证跨文化能力对外派高绩效工作管理系统与子公司绩效、外派高绩效工作管理系统与子公司自主性之间关系的中介作用，在结构方程结果之后，进一步进行bootstrap分析检验。检验采用了Hayes和Preacher（2010）建议的bootstrap方法，对中介效应进行检验。检验样本量选择5000，在95%置信区间下，结果见表4-9。

结果显示，外派高绩效工作管理系统对外派人员跨文化能力的影响路径，区间[0.323，0.877]不包含0，因此路径成立。外派人员跨文化能力对子公司绩效的路径成立[0.005，0.632]，因此，确认外派人员跨文化能力部分中介作用成立。外派高绩效工作管理系统通过提高外派人员跨文化能力而促进了海外子公司绩效的提高。

双路径模型中，外派高绩效工作管理系统对海外子公司自主性bootstrap区间为[-0.176，0.430]，区间包含0，无法拒绝原假设。因而，在外派高绩效工作管理系统对海外子公司自主性的影响路径中，外派人员跨文化能力完全中介作用成立。

综上所述，根据结构方程模型验证结果以及bootstrap中介路径检验，对本研究中假设验证的情况进行汇总，详见表4-10。

表 4-8　模型主要拟合指标

	CMIN	DF	P	CMIN/DF	RMSEA	SRMR	RMR	GFI	IFI	TFI	CFI	PNFI
整体模型	336.589	212	0.000	1.588	0.063	0.076	0.422	0.852	0.931	0.907	0.929	0.640

表 4-9　Bootstrap 中介路径检验

路径关系	标准路径系数	标准误差	C. R.	P	Bootstrap	
					Lower	Upper
HPWS→*SubP*	0.181	0.118	2.133	*	0.029	0.497
HPWS→*Auto*	0.064	0.097	0.610	0.542	−0.176	0.430
HPWS→*CCC*	0.480	0.117	5.051	***	0.323	0.877
CCC→*SubP*	0.272	0.084	3.645	***	0.005	0.632
CCC→*Auto*	0.312	0.073	3.195	**	0.007	0.516

注：*** 表示在 0.001 水平显著；** 表示在 0.01 水平显著，* 表示在 0.05 水平显著。

表4-10　　假设验证情况

假设	假设内容	验证结果
假设1	外派高绩效工作管理系统对海外子公司绩效有正向影响	成立
假设2	外派高绩效工作管理系统对海外子公司自主性有正向影响	不成立
假设3	外派高绩效工作管理系统对外派人员跨文化能力有正向影响	成立
假设4	外派高绩效工作管理系统通过跨文化能力影响海外子公司绩效	成立
假设5	外派高绩效工作管理系统通过跨文化能力影响海外子公司自主性	成立

4.5　研究结论

本章节研究发现，高绩效工作系统帮助外派人员适应海外竞争，最终可促进海外子公司绩效提升。但是高绩效工作系统无法在双元压力下满足子公司对绩效和自主性活动的平衡需求，平衡的关键是外派人员的跨文化能力，外派人员跨文化能力既受到高绩效工作系统的影响，又对海外子公司绩效和自主性活动产生重要影响。外派人员的跨文化能力嵌入了高绩效工作系统与平衡绩效和自主性活动的路径中，最终帮助海外子公司实现绩效表现和自主性的平衡。

（1）理论贡献

本研究的主要理论意义在于：第一，将制度双元理论应用于外派研究，拓展了制度理论的应用范畴。将制度双元概念从组织层面拓展到员工层面，增强了制度理论对外派管理实践多样性的解释力。在中国跨国企业管理情境下提出对制度双元可操作的实现范式，发展了实现制度双元的新条件，对现有制度双元理论研究进行了深化和补充。第二，本研究着眼于外派人员管理，细化了“能力—动机—机会”理论内容。将高绩效工作系统应用于中国跨国公司中外派人员细化管理过程，强调人力资源要素管理要与组织内外部环境相匹配，通过人力资源管理实现组织目标。第三，本研究建立了外派情境下“能力—动机—机会”理论与制度双元理论的对话，为人力资源管理和制度理论两个领域的研究架起了桥梁。

（2）实践启示

本研究对中国跨国企业外派管理实践提供以下建议：第一，外派管理实践对于缓解双重制度压力具有基础性作用，要从专业技能选拔考察、对员工完成外派工作动机的激励、对员工参与机会的支持和保障三方面深化管理实践。第二，要重视跨文化能力对外派工作的重要性，建立对外派人员有效的管理系统不是治理的终点而是起点，通过人力资源系统设计和外派人员跨文化能力的发挥来减弱双元目标带来的冲突，平衡绩效和自主性活动，建立稳定的母子公司沟通渠道。第三，子公司绩效和自主权带来的双重效果应得到中国跨国公司管理层的重视，跨国公司应该根据公司内部制度发展需求和不同的外部制度环境压力来设计组织的人力资源管理系统。

第 5 章

总部战略承诺、外派人员组织承诺与子公司企业社会责任的关系研究

本章从个人—环境匹配视角出发，基于制度理论对中国跨国企业总部如何与外派个人互动履行企业社会责任的问题进行了研究，探索国际化战略承诺和本地化战略承诺如何影响中国跨国企业履行企业社会责任及外派人员在其中起到的作用。通过理论分析和多元回归进行检验，本章节研究对中国跨国企业响应"一带一路"倡议，明晰战略规划目的，挖掘总部与外派个人联结的能力和人才资源价值，更全面地理解和发挥企业社会价值起到一定借鉴作用。

5.1　研究问题

"一带一路"倡议为中国企业提供了国际发展合作的新平台，随着中国企业在海外迅速扩张，外派人员也随之参与到企业价值链的节点构建中。2018年中国企业派出总人数49.2万人，截至2018年年底海外工作人数达98万人。成功的外派工作有利于提升中国企业的海外形象，而外派失败则会危害中国企业在海外的战略发展以及与东道国的合作前景。"一带一路"倡议所要营造的"共享、共商、共建"局面不仅需要母国与东道国企业在战略和结构上的协调，更重要的是对外派人员的培养。外派人员受到组织战略和结构的影响，同时也会进一步通过自身组织承诺作用于东道国的实践活动中，从而影响东道国子公司战略的实施。因此，如何有序引导外派人员，发挥外派人员在海外的正面作用成为对企业实践有着重要意义的管理挑战。

首先，已有关于外派管理的研究主要基于西方范式，而中国跨国企业发展现状与西方发达国家企业的经验差距较大，不完全适用已有研究结论。另外，从跨国企业发展国际化角度来看，传统发达国家企业重视国际化是为了在全球范围内寻找资源和市场。而中国企业往往选择并进战略，既重视获取又重视利用（李自杰等，2017），因此对外派人员的工作提出了新的要求和挑战。

其次，跨国企业如何协调和控制分散的子公司，形成协调一致和控制有度的高效、一体化的组织结构，进而创造独特的竞争优势更是国际化的核心议题（Kostova、Marano 和 Tallman，2016），也是中国跨国企业谋求总部与海外子公司协调并进的发展关键点。而在“一带一路”的发展新阶段，中国企业又面临着与发达国家不同的新问题。比如，是选择完善企业一体化的内部价值链，还是立足东道国延伸企业价值链？是向国际化战略承诺还是向本地化战略承诺？此外，由于企业的战略和海外扩张的目的不同，因此中国跨国企业的员工对待外派工作的主观态度也与发达国家跨国企业不同，发达国家企业员工将外派当作苦差事，中国员工认为外派是发展机会和升职的阶梯（Cooke 等，2019）。在“一带一路”倡议的激励下，外派工作带来的挑战对中国员工更具感召力，更易使外派人员对外派工作产生成就感和情感承诺。

以往文献更多着眼于研究外派人员个体因素，讨论跨文化适应、个体特征和工作情境对绩效的影响，对涉及的利益相关者与外派活动的关系方面（如母公司和子公司对外派人员的期待以及外派人员对东道国社区承担社会责任）关注不多（Takeuchi，2010）。实践中，中国企业积极响应“一带一路”倡议，在“走出去”和“引进来”的过程中不断合理化企业的价值诉求，搭建“共享、共商、共建”的价值分配结构，将企业社会责任嵌入中国跨国企业在海外市场经营管理活动的价值链中。外派人员是连接总部、海外子公司、东道国社会的重要纽带，其工作情境中需要平衡东道国方面的获得感、捕捉各方的利益交汇点，促进海外子公司积极践行人力资源的属地化管理，促使其经营活动合规，重视环境效益和社会效益，在合作中互惠互利，通过履行社会责任实现共赢。从制度理论来看，海外子公司在东道国践行企业社会责任是跨国企业获取“合法性”的重要途径。但是，已有研究虽然已经考察了企业的国际化战略与东道国社会责任之间的关系，但是对其中的路径和机制并未充分探究（Graafl 和 Noorderhaven 2018），一定程度上忽视了外派人员作为联结跨国企业母子公司的纽带在其中所起到的作用。外派人员作为母公司战略在东道国的载体和战略的实际实施人员，在从母国到东道国的环境转换中可能会由于个人价值观与环境的匹配程度发生变化，从而主动地、双向地与子公司所处的东道国环境产生交互，进一步对子公司在东道国的战略实践产生影响（Jamali 等，2015）。因此有必要从制度理论与个人—环境匹配视角，研究国际化战略承诺和本地化战略承诺对海外子公司履行社会责任的影响机制，进一步揭示外派人员在这一过程中的作用。

本研究的贡献在于：第一，本研究从总部层面和个人层面着眼，分析了国际化承诺和本地化承诺对外派人员组织承诺的不同影响，并探讨了两种战略承诺对企业社会责任的影响机制，发现不同的战略承诺会通过不同的机制来影响企业社会责任的履行，从而推进了对战略研究和外派研究的认识。第二，本研究从制度理论和个人—环境匹配视角展开对中国跨国企业和外派人员动因的讨论，将企业和所处国家环境层面的制度理论与组织行为领域的个体视角相结合，一定程度上对制度理论进行了进一步的拓展和应用，丰富了制度理论对于国际化经营和外派的相关研究。第三，本研究丰富了海外子公司履行企业社会责任的相关文献，认为外派人员的组织承诺是企业国际化承诺作用于履行东道国社会责任的中间机制，一定程度上对企业国际化战略行为与履行社会责任的路径和机制进行了探索，也为企业社会责任的因素研究提供了新视角。

5.2 理论分析

5.2.1 制度理论

合法性（legitimacy）是制度理论阐释个人或组织行为依据的重要概念，蕴含了规范、法律、社会、文化等内容。在社会构建的规范及价值观的体系中，合法性指一种可取的、恰当的、合适的行为假定，易于被社会范围内的群体接受（Suchman，1995）。组织通过顺从、妥协、回避、反抗和操纵五种方式，使自己与竞争或交往所处环境的制度要求相符，此时组织更易获得正面的反馈（例如，认可、接纳、重视或欢迎）。因此具有合法性的组织能获得更多的资源和更强的竞争能力（Meyer 和 Rowan，1997）。现有研究发现，合法性对组织绩效有正向影响。已有学者们围绕合法性对组织结构、行为、绩效的塑造和影响（陈立敏、刘静雅、张世蕾，2016）进行了大量研究和分析。随着探索的深入，战略的观点也逐步与制度理论结合，将企业在内外部合法性影响下对战略选择的认识也逐步纳入制度理论的解释范畴中。战略管理观点认为，组织能够通过特定的战略活动来控制、构造、设计或改变组织内外的相关规则制度，而规则和制度也为组织良性发展环境的形成提供了动能与途径。这些观点都一定程度上反映了企业可以更为积极主动地应对制度环境压力。

跨国企业面对双重制度情境压力，即来自组织内部制度压力和来自外部东道国制度压力（Xu 和 Meyer，2013），因此合法性的获取对于中国跨国企业尤为重要（Dacin，1997；Díez - Martín 等，2013）。对于中国跨国企业海外子公司而言，其内部合法性是它在组织结构内是否被接受，外部合法性是指其在东道国社会制度内是否被接受（Kostova 和 Zaheer，1999）。内外部合法性的重要性和其带来的压力使跨国企业必须在不同的战略选择上进行权衡。若外部制度压力更大，外部合法性的迫切性促使组织自身向东道国环境中的现有制度妥协或服从，在战略安排上，与东道国制度相符的本地化战略更易获得合法性；若来自组织内部的制度压力更大，跨国企业更可能倾向于通过国际化战略安排促进跨国企业组织内部合法性的获得。Child 和 Tsai（2005）提出，来自外部和内部两方面因素影响了跨国企业在新兴市场的环境保护发展战略。

5.2.2 个人—环境匹配视角

个人—环境匹配视角（person - environment fit）强调个体的行为和态度是由个体及所处环境共同交互所决定的（Edwards，1996）。Jansen 和 Kristof - Brown（2006）认为价值观在个人—环境匹配中的发挥着不可替代的作用，特别是在个人—组织关系之中，组织成员价值观与组织价值观之间产生匹配尤为重要。已有文献将个人—环境匹配概念区分为一致性匹配与互补性匹配（Muchinsky 和 Monahan，1987）。一致性匹配强调个体与其外部环境的特性保持一致；互补性匹配侧重个体和外部环境的有关联的特性相互弥补，进而构成了良好的匹配（Muchinsky 和 Monahan，1987）。个人—环境匹配理论被学者广泛运用于组织研究当中，探讨组织与员工个人行为、心理之间的相互作用影响。

依据个人—环境匹配理论，不同的组织战略愿景对于外派人员而言，对其行为和心理影响的结果是不同的。当员工感知到组织的发展愿景与提供的资源与其自身发展偏好相一致时，外派人员个人需求与组织愿景实现匹配，对员工心理产生积极的正向结果。反之，如果组织愿景、工作资源与员工自身特性相背离，员工就会感到自身的活动受到限制，这时企业提供的环境与员工自身的需求不匹配，就会对员工行为与心理产生负向结果。外派人员身处组织结构内部，组织的价值体系决定了其为员工提供了什么（Schein，1992）。组织层的人力资源策略，如入职教育、培训和指导等组织化社会化策略会向员工传递文化、价值观、政策和行为规范等信息，促使外派人员的工作方式与组织环境相匹配。个人和环境的匹配并不是单向静止的状态，而是个体和环境相互影响达到一致的过程。随着个体在环境中的经验积累，个体也会对环境产生影响。当个体与环境不匹配时，主动型员工会在日常工作中改变工作任务，重新安排组织工作，完成工作重塑，进而提高自身与环境的匹配程度。

无论从组织与个人的角度，还是从个人到环境的角度，个人—环境匹配的相关探索都取得了较丰富的成果，但目前文献多将两种视角视为彼此独立的研究。由于外派人员既要在企业结构内部与所在组织保持匹配，还要在跨文化的情境下与所在国的工作团队任务保持匹配，外派人员成为传递制度压力的重要环节，因此外派研究情境有重要意义。有必要从个人—环境匹配理论视角着眼，探讨中国跨国企业情境下外派人员在“企业—个人”“个人—社会”关系中的作用。

5.2.3 企业社会责任

中国跨国企业的国际化发展不仅提高了企业的经济价值，也创造了不可忽视的创新价值和社会价值。Murillo 和 Lozano（2006）将企业社会责任（Corporation Social Responsibility，CSR）定义为企业超出企业及其股东的直接利益和法律的要求范围，推进社会公益的行为。Porter 和 Kramer（2006）认为，企业与社会间的相互依存恰是企业作出履行社会责任决策的源头和关键。作为企业的利益相关者，员工、供应商、社区团体、政府和股东出于自身发展的考虑，都在促进着企业社会责任行为（Fenwick 和 Bierema，2008）。从员工层面看，企业社会责任受到个人和组织承诺程度的影响，组织中的人力资源开发可以实现企业社会责任的倡议（Caligiuri、Mencin 和 Jiang，2013）。企业社会责任相关实践有助于建立更公正、民主、可持续的工作场所、社区和环境，进而体现企业的社会价值，创造社会绩效。与此同时，战略性的社会责任着眼于企业与社会利益的交汇点，平衡发展的利益才能帮助企业获得竞争优势、实现可持续发展（Porter 和 Kramer，2006）。

企业社会责任对跨国企业组织战略选择以及双重合法性的获得都具有深远的影响。首先，实施有利于获取外部合法性的本地化战略，意味着在东道国内组织的工作设计更易于应对外部制度压力，也更易于直接接触和利用东道国环境中组织重视的战略资源。企业社会责任与东道国环境制度中的道德示范、规则制定以及荣誉声望等社会资源紧密相关，而这些重要社会资源可能并不是组织通过直接购买或内部培养的方式可以获取的。当组织对政策制度的依赖程度较高时，履行企业社会责任来回应东道国政府的制度要求是促进组织获得关键性资源的重要方式。一旦组织成为关键资源的拥有者，就可能获得掌握正面效应的声望。

其次，国际化战略选择这种组织内部合法性后本地社会资源可能缺失或受损，在此前提下，组织更需要外派人员履行社会责任，主动与社会资源的要求方向匹配，来消除和抵消潜在风险。所以，国际化战略承诺前提下履行企业社会责任是对战略弱势的必要资源补充。

最后，对于本地化承诺的企业，履行企业社会责任不等同于产出绩效和创造经济价值。但是对于其他利益相关者而言，这些与企业社会责任相关的行为为他们带来了社会价值。此时，企业创造的社会价值与东道国其他相关方的利益产生一致性匹配，价值共创过程为组织经济绩效转化提供动能。同时，环境达标、市场准入政策影响组织在海外的运作成本，企业社会责任间接影响绩效。

5.3　假设提出

“一带一路”带来了一体联通的通信技术进步，降低贸易和投资壁垒，使国际化发展和协调控制日益便利，为中国跨国企业应对复杂的国际竞争、在海外寻求和获取资源提供了便利。海外子公司对外派人员的安排使组织在跨文化组织场域中保持组织内部合法性，但保持人员结构特性会在本地的环境中凸显出明显的与本地企业的差异，因此，须更重视海外子公司在制度环境中的创建愿景以及进行话语活动、调配资源使组织履行社会责任的行为，以此来协调海外子公司自身结构与本地制度之间的异质性。制度同构是实现匹配的动力。Morgeson 等（2013）指出，企业社会责任可以增强竞争优势和绩效表现，海外子公司负责任的企业形象能够帮助企业从利益相关者处赢得信誉，帮助跨国企业获得特殊的、难以模仿的竞争资源。海外子公司履行企业社会责任为海外子公司提供使命感，有助于树立负责任的企业形象。同时，海外子公司履行企业社会责任也反映着国际化战略实施过程中对战略资源发展的需要。国际化承诺影响下，总部为保证整体绩效利益，会驱动海外子公司挖掘企业的社会价值，使企业提高对企业社会责任的重视水平（Porter 和 Kramer，2011）。因此，本研究提出假设 1。

假设 1：跨国企业总部国际化承诺的提升促进海外子公司履行企业社会责任。

制度合法性是决定组织生存的关键因素，认知维度的模仿过程使组织行为与制度环境要求相符。跨国企业海外子公司与本地市场中企业相似的服务、人员安排或生产活动，不仅带来强制性同构压力，也使组织主动模仿彼此。在本地化承诺的促进下，海外子公司更愿意与本地社区进行学习和模仿，进而加深与本地的理解和投入，其本身就是对本地知识资源的学习吸收，使海外子公司更多地参与和融入本地社会，并且形成相似的认知形象和职业人员结构，能够增进本地社区对海外子公司的认知，促进组织在本地的发展。此外成功的本地化有助于中国企业在当地打开局面，地方政府和东道国人民也更愿意看到跨国企业参与本地建设，促进社区发展，保护环境等一系列有利于当地的正面行为（Carroll，2016），在本地化工作中建立友善关系。东道国政府可能将本地化视为跨国企业对东道国承诺的一种标志。因此，本地化承诺的愿景和东道国制度中社会价值期望相匹配，跨国企业更有意愿促进海外子公司在东道国当地承担企业社会责任。据此，本研究提出假设2。

假设2：跨国企业总部本地化承诺的提升促进海外子公司履行企业社会责任。

企业社会责任研究大多从经济绩效因素与制度因素的角度出发，对企业履行社会责任进行解释，从组织中个体的角度，把组织环境要素和个人要素联系在一起研究企业社会责任的文献相对缺乏。而个人—环境匹配视角是个人与环境因素相连接的桥梁。外派人员个体是受多重制度压力影响的、处于企业—环境连续互动过程中的重要环节。企业社会责任交织了对东道国制度环境内的规范、认知等方面的理解。在个人—环境寻求匹配的过程中，外派个体以制度服从、妥协和模仿同行的方式寻求合法性，通过深度嵌入社区和与市场互动，促进海外子公司履行企业社会责任。当个体与环境不匹配时，主动型员工会通过吸引、选择、处理等方法，完成工作重塑，逐渐塑造环境，达到一致。工作参与和组织承诺程度可以提高个人—环境匹配度（Caplan，1987）。具体而言，高组织承诺的外派人员对海外子公司具有强烈的责任感，将子公司的组织目标视为自己的目标。员工对外派工作的承诺有助于海外子公司调动工作资源对企业社会责任进行响应，也有助于将员工个体内部资源汇集到海外子公司履行企业社会责任行为上。由此提出假设3。

假设3：外派人员的组织承诺促进海外子公司履行企业社会责任。

合法性获取过程是从组织到个体到社会场域各个环节中逐步实现的过程。在此过程中，人力资源对于企业是关键的战略资源之一。一方面，由于个体与组织行为存在一致性，通过人力资源手段，在企业内部任命关键外派人员，可以使海外子公司在财务报告、人力资源管理、运营监控和报告等领域实现标准化和社会化，符合跨国企业的愿景。外派人员在一致性主导下的监管和运营工作中易于获得自我行为认可，并且因为保持与组织战略的一致性，外派人员在组织结构内部获得认同感和合法性。另一方面，企业战略目标也反映了组织对员工的期望与要求。在国际化战略影响下，外派的工作目的更明确，外派人员的使命感更强烈。外派经历带来的相关学习能力和国际经验的积累会强烈影响个人的自我概念、动机和对未来职业的兴趣（Kohonen，2013）。对外派工作有承诺的员工具有维护组织价值观和目标的内在动机，因此更可能表现出超越角色职责的社会责任行为。外派人员组织承诺与企业战略目标具有共同的观念基础。组织的国际化发展愿景与外派人员个人的发展相一致，双方具有相似的特征，因而形成一致性匹配，提高员工承诺程度。这种情况下，个体与组织的一致性保证了外派个体行为具有合法性，促进了跨国企业国际化承诺和海外子公司管理对接，这成为推动海外子公司在东道国履行企业社会责任的重要保障。基于以上原因，本研究提出假设4。

假设4：跨国企业总部的国际化承诺促进了外派人员组织承诺度的提升，进而驱动了海外子公司履行企业社会责任。

人力资源管理政策和实践的标准化与东道国实践的本地化之间寻求契合也是子公司运营成功的关键因素。由于本地化战略与本国员工产生相互匹配的一致性，传统的本地化战略侧重于使用东道国本地雇员来代替外派人员，但本地化并不是武断地用当地人取代外派人员，而是生产、营销、管理、人事各个环节全面适应东道国制度文化要求，不断融入本地的发展进程（Law等，2009）。在这个过程中外派人员是重要的资源，能够满足获得社会资源的合法性期望，用外派人员简单地替换本地雇员往往会起到负面的作用。本地化承诺下，外派人员与海外子公司间稳定长期工作互动，可能对东道国社会产生了情感承诺和对外派工作任务进行了专属性投资，个人与组织、个人与环境都形成了互补或一致匹配，此时匹配的需要引发制度压力，做出符合对方期望的行为将帮助企业获得更多的合法性。外派人员的重要性来源于其技能具有本地员工不可替代的特征，本地化承诺与外派人员达成互补性匹配，提高外派人员组织承诺程度，促进外派人员在本地化过程中发挥作用。本地化承诺更容易被外派人员接受，并且海外子公司鼓励员工对外派任务加深承诺。海外子公司可以鼓励外派人员通过构建自身本地化知识和技能，如语言和跨文化能力，在东道国建立人际关系和商业关系网络。为了增强在东道国本地的社会认可度，增强与本地的关系密切度，组织承诺度高的外派人员更倾向于帮助海外子公司在本地履行企业社会责任。据此，提出假设5。

假设5：跨国企业总部本地化承诺度的提升促进了外派人员组织承诺度提升，进而驱动了海外子公司履行企业社会责任。

整体假设见图5-1。

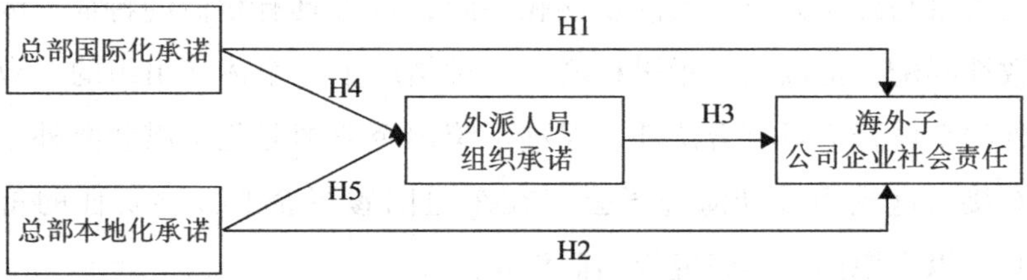

图5-1 研究假设

5.4 研究方法

5.4.1 变量解释

国际化承诺（COI）选用Levy、Beechler、Taylor和Boyacigiller（2007）开发的量表进行测量，具体问题有“总公司为‘走出去’投入了大量资源；总公司在海外的业务是长期的；总公司积极在国际市场上寻找机会”等，共包含6个题项。来自总公司的受访者对项目进行评测，本测量在研究中的内部一致性系数 Crobach's α 为0.922。

本地化承诺（COL）的测量题项主要来自 Law、Song、Wong 和 Chen（2009）的量表，题项问题共6项，具体包括“总公司管理层积极推动海外子公司本地化；总公司有明确的海外子公司本地化目标；总公司投入大量精力和资源努力实现海外子公司本地化；总公司努力培养本地管理者来取代公司的外派管理者”等。问卷由总部高管填写。本测量在研究中的内部一致性系数 Crobach's α 为0.923。

外派人员组织承诺（COM）选用 Meyer、Paunonen、Gellatly 等（1989），的研究进行测量。该量表包含情感承诺相关题项（Allen 和 Meyer，1987）和继续承诺（MacGee 和 Ford，1987），其中，情感承诺又可细分为三个维度，情感依恋、认同感和参与意愿。8个相关题项由外派管理人员填写，问题包括“我能主动承担责任；能共享信息；能保护公司的利益”等。本测量在研究中的内部一致性系数 Crobach's α 为0.932。

企业社会责任（CSR）方面，根据 Torugsa、O'Donohue 和 Hecker（2013）的研究，使用量表对海外子公司企业社会责任的履行情况进行估计，量表共含有26个题项，涵盖三个方面。问题包括“强调产品和生产过程的绿色环保性质，以便与其他产品区别；对副产品的回收利用技术；赞助社区发展；不歧视女性与残疾人；重视慈善事业；评估审计生产对自然环境的影响；重视能源高效”等。由于题项较多，在进一步的研究中通过降围分析后归为三个主要因素，其 Crobach's α 为0.931。

控制变量主要是高层管理人员的背景特征，包括他们的国籍、年龄、外派经验等因素，都是塑造高层管理人员对组织承诺观念的关键因素。除此之外，与企业行为和价值取向紧密相关的企业性质、所处行业也对海外子公司履行企业社会责任存在影响。因此本研究将可能对结果变量造成影响的因素进行控制。为了控制外派人员个体特征和企业所处行业特征的影响，本研究对以下变量进行控制：性别（Gen）、年龄（Age）、教育背景（Edu）；企业性质（Own）、所属行业（Ind）。

5.4.2 探索性因子分析

本研究使用 SPSS 22.0 软件对使用量表测量的各变量内部一致性系数进行了检验，具体结果见表格 5－1。各变量的内部一致性系数为 0.725—0.929，信度良好。

表 5－1　　问卷预试的信度分析结果

变量	项目	α 值	参考值	结果
中国跨国企业国际化承诺	6	0.922	0.7	信度良好
中国跨国企业本地化承诺	6	0.923	0.7	信度良好
外派人员组织承诺	8	0.932	0.7	信度良好
海外子公司企业社会责任	26	0.931	0.7	信度良好

通过 KMO 和 Bartlett 球体检验，检验结果如表 5－2 所示。

表 5－2　　KMO 和 Bartlett 球体检验分析结果

量表	KMO 值	近似卡方值	df	显著性概率
中国跨国企业国际化承诺	0866	1278.900	15	0.000
中国跨国企业本地化承诺	0.898	1273.580	15	0.000
外派人员组织承诺	0.864	2087.989	28	0.000
海外子公司企业社会责任	0.777	8171.140	325	0.000

5.4.3 验证性因子分析

实际调查的数据运算结果如表 5－3 所示。分析结果显示，问卷模型由 6 个因子构成，各测量题项的标准化因素负荷量值均大于 0.5，临界比率 CR 均大于 1.96，且均在 0.001 水平上显著；各因子的组合信度均大于 0.7，说明模型的组合信度良好；各因子的平均方差抽取量 AVE 值均大于 0.5，模型聚合效度良好；因子模型的适配指标结果中，卡方自由度比值为 2.955 < 3.000，表示模型适配度良好。其他适配度指标看，所有指标均表现良好，总体上模型拟合情况较佳，处于可接受的水平；说明假设理论

模型与实际数据之间契合较高，模型结果较有说服力。

表 5－3　　　因子载荷量与主要信效度指标

潜变量	测量项	因子载荷量	临界比值（CR）	P	组合信度	AVE
中国跨国企业国际化承诺	COI1	0.949			0.922	0.665
	COI2	0.868	22.987	***		
	COI3	0.809	16.712	***		
	COI4	0.698	15.581	***		
	COI5	0.789	16.832	***		
	COI6	0.755	17.700	***		
中国跨国企业本地化承诺	COL1	0.911			0.924	0.672
	COL2	0.928	28.180	***		
	COL3	0.757	17.645	***		
	COL4	0.637	14.708	***		
	COL5	0.772	20.154	***		
	COL6	0.876	23.753	***		
外派人员组织承诺	Comt1	0.794			0.929	0.622
	Comt2	0.788	15.936	***		
	Comt3	0.726	14.084	***		
	Comt4	0.894	18.509	***		
	Comt5	0.851	19.454	***		
	Comt6	0.650	11.917	***		
	Comt7	0.668	12.922	***		
	Comt8	0.898	19.041	***		
海外子公司企业社会责任	CRS_1	0.7610			0.827	0.615
	CRS_2	0.744	14.100	***		
	CRS_3	0.844	15.793	***		

注：***、**、*分别表示在 0.1%、1%、5% 的水平上显著。

区别效度如表 5－4 所示，从卡方差异检验测得结果来看，各主要变量之间受限模型与非受限模型之间 $\Delta\chi^2$ 均大于参考标准 10.829，显示出其差异度，证明各概念间区别效度良好，可以进行进一步检验。

表 5-4　　卡方差异检验

	受限模型 B			未受限模型 A			卡方值差异量	自由度差异值
	（单维度构念测量模型）			（相关系数自由参数）			（模型 B－模型 A）	
	ρ	df	χ^2	ρ	df	χ^2	$\Delta\chi^2$	Δdf
COI－COL	1	54	549. 904	0. 09	53	279. 302	270. 603 ***	1
COI－COM	1	77	966. 169	0. 19	76	847. 007	1119. 162 ***	1
COI－CSR	1	27	3546. 420	0. 08	26	135. 034	3411. 386 ***	1
COL－COM	1	77	859. 493	0. 03	76	719. 874	139. 619 ***	1
COL－CSR	1	27	1827. 351	0. 19	26	152. 160	30. 191 ***	1
COM－CSR	1	44	2133. 458	0. 11	43	664. 013	1469. 445 ***	1

注：*** 受限模型与未受限模型 $\Delta\chi^2 > 10.827$，在 0. 001 水平上显著。

5.4.4　相关性检验

本研究随后检验了各变量之间相关性和多重共线性，首先，本研究中所有变量的膨胀因子检验（VIF）所得数值均小于3，排除研究中具有多重共线性问题。其次，根据表 5 - 5，总部国际化承诺与外派人员组织承诺（$r=0.233$，$p<0.01$）、总部国际化承诺与海外子公司企业社会责任（$r=0.115$，$p<0.01$）显示出显著正相关，总部本地化承诺与外派人员组织承诺（$r=0.164$，$p<0.001$）、总部本地化承诺与海外子公司企业社会责任（$r=0.347$，$p<0.001$）显示出显著正相关。变量之间有相关，但相关程度均不大于0.5，说明变量间存在有待被解释和发现的联系。

5.4.5　假设检验

本研究主要使用层次回归分析方法对研究假设进行检验。将外派人员性别（Gen）、年龄（Age）、受教育背景（Edu）等员工层控制变量以及跨国企业性质（Own）、企业所处行业（Ind）等企业层相关控制变量，中国跨国企业国际化承诺（COI）、中国跨国企业本地化承诺（COL）等自变量，外派人员组织承诺（COM）等中介变量，海外子公司社会责任（CSR）等因变量进行层次回归分析。检验过程如下：

一是对主效应假设 1、假设 2 进行检验。将控制变量性别、年龄、教育背景、跨国企业性质、企业所处行业放入初始模型。随后将自变量跨国企业国际化承诺和跨国企业本地化承诺加入模型 M1，形成模型 M2。初步检验结果显示，跨国企业国际化承诺对海外子公司履行企业社会责任有显著正向影响（$\beta=0.281$，$p<0.001$）。本地化承诺对海外子公司履行企业社会责任有显著正向影响（$\beta=0.393$，$p<0.001$）。

二是对假设 3 进行检验。在模型 1 基础上，将变量外派人员组织承诺作为自变量放入模型 M4。回归分析结果显示，外派人员组织承诺对外派子公司企业社会责任有显著的正向影响（$\beta=0.517$，$p<0.001$），假设 3 成立。

表 5-5　　变量均值、标准误差与相关性分析

变量			*COI*	*COL*	*COM*	*CSR*	*Gen*	*Age*	*Edu*	*Own*	*Ind*
	Mean	*S. D.*									
COI	3.518	0.790	1.000								
COL	3.552	0.940	0.176 ***	1.000							
COM	3.754	0.741	0.233 **	0.164 ***	1.000						
CSR	3.177	0.450	0.115 **	0.347 ***	0.317 ***	1.000					
Gen	1.186	0.488	0.033	-0.079	0 -.078 *	-0.026	1.000				
Age	32.450	6.390	0.020	0.011	0.135 **	0.013	-0.038	1.000			
Edu	1.630	0.794	-0.032	0.033	0.148 ***	-0.121 **	0.081 *	0.160 ***	1.000		
Own	1.970	0.069	-0.126 **	-0.049	-0.083 *	0.121 **	-0.024	0.019	0.122 **	1.000	
Ind	6.60	0.439	0.099	-0.117 **	0.049	-0.001	0.023	0.101 *	-0.025	0.034	1.000

注：*COI* 表示总部国际化承诺；*COL* 表示总部本地化承诺；*COM* 表示外派人员组织承诺；*CSR* 表示海外子公司企业社会责任；*Gen* 表示性别；*Age* 表示年龄；*Edu* 表示教育背景；*Own* 表示企业性质；*Ind* 表示所属行业。*** 表示在 0.001 的水平（双侧）显著；** 表示在 0.01 的水平上（双侧）显著；* 表示在 0.05 的水平（双侧）显著。

三是对假设 4、假设 5 进行检验。以海外子公司企业社会责任为因变量，将总部国际化承诺、总部本地化承诺、外派人员组织承诺作为自变量，放入模型 M5，以外派人员组织承诺作为因变量，将个体层控制变量以及企业层相关控制变量放入模型，再将跨国企业国际化承诺和跨国企业本地化承诺作为自变量分别加入，形成模型 M6、模型 M7。结果显示，跨国企业国际化承诺对外派人员组织承诺有显著正向影响（$\beta = 0.351$，$p < 0.001$），而跨国企业本地化承诺对外派人员组织承诺影响不显著（$\beta = 0.140$，$p > 0.1$）。假设 4 成立，假设 5 不成立。

逐层回归检验结果如表 5-6 所示。

表 5-6　　逐层回归检验结果

变量	海外子公司社会责任（CSR）					外派人员组织承诺（COM）	
	M1	M2	M3	M4	M5	M6	M7
（常量）	3.790	3.308	3.101	2.720	2.209	2.392	2.973
Gen	−0.046	−0.059	−0.031	−0.034	−0.026	−0.040	−0.018
Age	−0.016	−0.012	0.009	−0.050	−0.025	0.071	0.075
Edu	0.136	0.129	0.117	0.026	0.023	0.204*	0.206*
Own	0.042	−0.003	0.043	0.100	0.084	−0.168	−0.111
Ind	0.199*	0.166*	0.214***	0.173*	0.183***	0.009	0.055
COI		0.281***			0.052	0.351***	
COL			0.393***		0.318***		0.140
COM				0.517***	0.451***		
R 方	0.058	0.134	0.211	0.308	0.414	0.183	0.047
变化 R 方	0.039	0.112	0.192	0.291	0.395	0.164	0.165
F 值	3.048	6.343	11.005	18.327	21.655	9.246	8.124

注：***、**、* 分别表示在 0.1%、1%、5% 的水平上显著。

逐层回归是根据 Baron 和 Kenny（1986）的建议开展的，自变量对因变量回归的系数 c 显著是因果逐步回归方法中介效应成立的前提，但有学者提出，应首先检验 a×b 的显著性，中介效应的存在不依赖主效应显著（Zhao 等，2010）。Zhao 等（2010）将方法总结为：检验 a×b 显著性，检

验 c'，c'不显著时，完全中介效应成立；c'显著时，需要进一步检验分析，若 c'显著，$a \times b \times c' > 0$，则可能遗漏了互补中介变量；若 $a \times b \times c' < 0$，则可能遗漏了竞争中介变量。

$$Y = i + cX + c_1 \tag{5-1}$$

$$M = i + aX + c_2 \tag{5-2}$$

$$Y = i + c'X + bM + c_3 \tag{5-3}$$

因此，本研究主要采用了 Hayes 和 Preacher（2010）建议的 bootstrap 方法，对中介效应进行检验。检验样本量选择 5000，在 95% 置信区间下，首先检验 COM 在 COI 和 CSR 之间的中介效应，bootstrap 检验结果不包含 0（LLCI = 0.0262，ULCI = 0.1079），结果表明，外派管理者组织承诺在国际化承诺和海外子公司履行企业社会责任之间存在中介效应，假设 4 成立。随后检验 COM 在 COL 和 CSR 之间的中介效应，bootstrap 检验结果包含 0（LLCI = −0.0191，ULCI = 0.0261），结果表明外派管理者组织承诺在本地化承诺和海外子公司履行企业社会责任之间的中介效应不成立，假设 5 不成立。其原因可能是本地化承诺导向下，外派人员人数降低，使其影响不再显著。外派人员关注海外子公司社会责任行为是因为履行好企业社会行为能获得与当地政府的支持，聚集资源形成独特且无法替代的社会资源。而本地化程度较高的海外子公司可以通过东道国国籍的雇员和经理本身积累一定的社会资本，此时外派人员的承诺作用被本地化的人力资源系统代替，外派人员人数在海外子公司占比降低后，其承诺水平对子公司履行社会责任的影响力也随之不显著。因此，本地化承诺不需要通过外派经理组织承诺来促进海外子公司企业履行社会责任。中介效应回归分析结果见表 5-7。

表 5-7　　中介效应 bootstrap 回归分析结果

影响路径	LLCI	ULCI	是否包含 0	间接效应	是否成立
COI - COM - CSR	0.0262	0.1079	不包含	0.0596	成立
COL - COM - CSR	−0.0191	0.0261	包含	0.003	不成立

综上所述，根据回归检验结果以及 bootstrap 中介路径检验，对本研究

中假设验证的情况进行汇总，见表 5－8，并在图 5－2 中进行展示。

表 5－8　　假设验证情况

假设	假设内容	验证结果
假设 1	跨国企业总部国际化承诺的提升直接促进海外子公司履行企业社会责任	不成立
假设 2	跨国企业总部本地化承诺的提升促进海外子公司履行企业社会责任	成立
假设 3	外派人员的组织承诺促进海外子公司履行企业社会责任	成立
假设 4	跨国企业总部的国际化承诺促进了外派人员组织承诺度的提升，进而驱动了海外子公司履行企业社会责任	成立
假设 5	跨国企业总部本地化承诺度的提升促进了外派人员组织承诺度提升，进而驱动了海外子公司履行企业社会责任	不成立

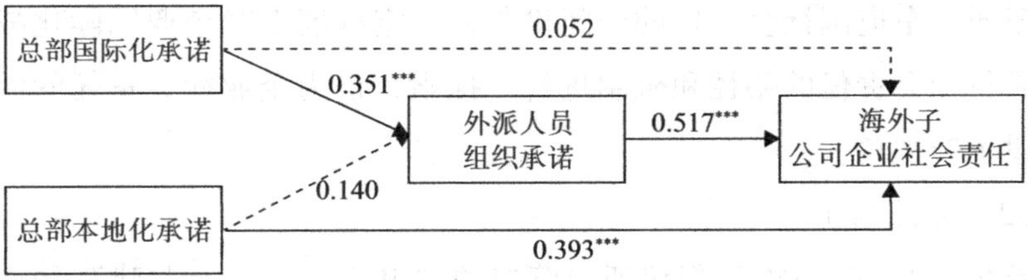

图 5－2　假设验证结果

5.5　研究结论

本研究运用回归检验的方法，结合"一带一路"倡议提出的时代背景，剖析中国跨国企业总部层面的国际化承诺和本地化承诺与外派个人层面组织承诺对海外子公司履行企业社会责任的影响机制，探究中国外派人员组织承诺在此过程中发挥的作用。研究发现，中国跨国企业的国际化承诺通过影响外派人员的组织承诺延伸驱动了海外子公司的企业社会责任的履行。总部层面的战略因素与外派个人层面的因素共同产生了作用。本地化承诺直接地驱动了海外子公司的企业社会责任行为。

（1）理论贡献

第一，本研究分析了合法性压力下，企业面临着国际化承诺和本地化承诺的不同选择，两种承诺对外派人员组织承诺产生不同的影响，并探讨了两种战略承诺对企业社会责任的影响机制，研究发现，不同的战略承诺会通过不同的机制来影响企业社会责任的履行，从而推进了对企业和外派人员间承诺的作用的研究，拓展了外派研究的边界。第二，本研究从制度理论和个人—环境匹配视角展开对中国跨国企业和外派人员动因的讨论，将企业和所处国家环境层面的制度理论与组织行为领域的个体视角相结合，一定程度上对制度理论进行进一步的拓展和应用，丰富了制度理论对于国际化经营和外派的相关研究。第三，本研究丰富了外派人员对海外子公司履行企业社会责任影响的相关文献，认为外派人员是企业国际化承诺作用于履行东道国社会责任的中间机制，一定程度上对企业国际化战略行为与履行社会责任的路径和机制进行了探索，也为企业社会责任的因素研究提供了新视角。

（2）实践启示

首先，“一带一路”倡议所要营造的“共享、共商、共建”局面不仅需要母国与东道国企业在战略和结构上的协调，更重要的是对外派人员的培养。外派人员一方面受到跨国企业战略部署的影响，即跨国企业国际化承诺的提升会促进外派人员的外派组织承诺，另一方面，当外派人员加入东道国的企业实践中后，其个人行为也会对东道国子公司的战略和行为进行影响和塑造，即外派人员的组织承诺会进一步影响子公司在东道国社会责任的履行。因此，跨国企业的战略和行为与外派人员的行为是一个双向影响的过程，基于“一带一路”倡议，国与国之间、企业与企业之间的“共享、共商、共建”不应仅仅是口号，而应融入企业的氛围与文化中，体现在企业的战略和行为上，通过企业与外派人员两方面积极的双向影响和作用，才能实现企业的经济效益和社会效益可持续发展。

其次，中国跨国企业要把握时代脉动，提高外派管理水平。要重视外派管理与战略规划的配合作用。外派人员是事关企业发展大局的重要资源，在海外子公司生产经营过程中发挥了不可替代的作用。在海外子公司经营的过程中单纯地实施本地化战略，包括用当地工作人员完全取代外派人员，可能并不合乎中国跨国企业的最佳利益。要构建覆盖外派培训、赴任、晋升、奖励、回任的全面机制，推动外派工作有序开展。外派人员是企业的知识资源储备，外派决策安排得当既能够促进企业经济价值提升，为企业后续发展集聚资源；又能打通文化隔阂，创造企业社会价值，开辟中国企业参与世界发展共建的新局面。

最后，中国跨国企业要敞开胸襟，正确看待企业社会责任。“一带一路”的倡议是推动深化各国各地区互相理解、尊重、信任的合作之路。落后陈旧的企业观念应及时淘汰，履行企业社会责任不应被认为是锦上添花的“慈善公益”。只有转变观念，加深理解，才能将承担企业社会责任与企业战略布局相协调，与企业自身能力相协调，与企业外部环境要求相协调。符合企业利益、有利于企业发展的同时兼顾东道国本地利益，才是企业可持续健康发展的推进器，才能使履行企业社会责任升华为中国跨国企业发展的关键支撑。

第 6 章

工作角色转变、工作责任转变与外派幸福感的关系研究——以组织支持感、外派适应为调节变量

已有的外派人力资源管理（human resource management，HRM）研究多关注跨文化情境下对外派人员角色不适应以及受压情况对幸福感的阻碍作用，但对压力带来的动力认识不足。本章将从资源保存理论的假设入手，将外派人员压力来源进行区分，随后深入研究外派人员的两种压力来源对外派人员工作幸福感是否具有动力和增益效果。本研究还将组织支持感和外派适应纳入对外派人员职业幸福感的影响研究中，通过多元逐层回归对相关假设进行检验。本研究不仅有助于研究跨文化环境下的外派人员压力和幸福感之间的联系，且有助于论证对外派人员角色和责任转变管理的重要性。

6.1 研究问题

随着新一代“90后”“00后”青年员工走上职业舞台，年轻人在外派人员中数量不断增多，外派人员结构呈现年轻化特点。中国外派人员的特征不再是“吃苦耐劳”的单一表现。随着外派人员国际化经验的不断积累和丰富，具有良好教育背景和全面技能、具备国际化视野的外派人员更向往国际化职业发展，在工作中强调工作与生活的平衡，追求良好的薪酬与福利，寻求晋升机会和有意义的工作，也更重视工作幸福感（Danford等，2004；Cogin，2012；Fan等，2014）。有研究者认为外派工作伴随着的跨文化压力，影响着外派个体的主观幸福感（Aryee和Stone，1996；Bonebright、Clay和Ankenmann，2000）。幸福感是外派人员对外派工作的总体情感体验，涵盖了与工作、发展、家庭等问题相关的体验（Kidd，2008）。其中，工作幸福感有利于组织中的个体发挥自身的积极力量，保证了组织中个人目标的实现，在此基础上，组织的目标也能够得以达成（Daniels和Harris，2000；Wright和Cropanzano，2000，2004；Wright、Cropanzano、Denney和Moline，2002）。在职业表现上，幸福感充足的员工表现得更加敬业、专注和投入，工作绩效更高。同样地，工作幸福感强的外派人员在保持心理健康、获得快乐、实现个人价值等方面效能感更强。幸福感有助于外派人员物质和心理平衡发展、事业和家庭的良性互动，帮助外派人员提高组织绩效的同时创造个体的价值感。

外派工作伴随着风险挑战与工作压力。工作要求—资源观点认为压力不可避免地引发倦怠，削弱员工表现和幸福感（Demerouti 等，2001）。压力对工作态度具有阻断性作用，促使不稳定因素叠加，员工在行为上抵触，心理上形成倦怠，抑制积极情绪和良性绩效的产生（张韫黎、陆昌勤，2009）。不同于压力视角，动力视角下的研究认为，有动力追求外派机会的员工通过主动响应外派工作要求进而促进外派绩效提高，随之获得对自身价值的认可（Chen 等，2010；Ren 等，2014）。动力的来源包括个人挑战、工作本身的重要性和专业性、追求国际化经验和全球化职业能力提升（Shaffer、Kraimer、Chen 和 Bolino，2012；Stahl、Miller 和 Tung，2002）。也有两种压力贯穿于外派过程的始终，在跨文化情境下与外派人员共存，长期影响着外派人员的工作幸福感。但现有研究中往往将外派人员的压力笼统地归纳为外派工作带来的心理损耗因素，因此有必要对外派人员的压力来源进行合理细分，并深入探讨和理解不同压力对外派人员幸福感的影响机制。

6.2 理论分析

资源保存理论（conservation of resources theory，COR）认为，资源是保存的前提，也是促进绩效提高的显著因素，因而个体或组织会努力培育、获取对其重要的资源，并保护其资源免受损失（Halbesleben 等，2014）。一旦感知到自身资源受损，个体会采取回避的态度和行为来避免资源的进一步损失。外派人员的幸福感是独特的心理资源，外派工作中的跨文化冲突和压力不仅影响外派成功，也强烈影响着外派人员对幸福的感知。压力有可能引发紧张、倦怠（Shirom，1989）、抑郁（Bolger 等，

1989），对个体身心健康造成负面影响（李宗波、李锐，2013）。外派人员的主要目的是完成当地员工无法完成的任务，所以工作导致的压力感相比国内环境更为显著（Grandey 和 Cropanzano，1999）。同时，外派人员与母国被动“分离”、与东道国主动“隔离”的双重边缘化使其压力程度加剧，产生生活相关的压力（Brotheridge 和 Lee，2002）。外派人员还面临着工作角色转变引起的角色压力、相冲突的工作—家庭压力、文化冲击带来的跨文化压力和与地区局势相关的安全压力（Bader 和 Berg，2013）等。如果外派人员判断外派任务中的压力过高而自身获益有限，那么为了不使自身利益资源受损，可能会激发退出机制，提前回任，使海外子公司发展受阻，接续困难。

然而，资源保存理论强调在面临风险困境时，个体或组织在保护资源免受侵害之外，还会加速资源吸收，为自身搭建资源库，扭转颓势，产生积极结果（Hobfoll 等，2017）。外派人员对未来损失的判断也受主观性影响，即使个人承受的压力与外部环境风险叠加，若外派人员可以从外部环境中捕捉机会，如建立新的社会关系，获得晋升机会或组织支持，就能达到积累心理和物质资源、抵消负面因素、开启增益自身资源路径的效果。

根据资源保存理论，本研究认为，外派人员的压力来源应从增益外派人员资源和损耗资源的角度着手加以具体区分。第一，资源增益方面，员工在海外派遣的过程中存在着晋升的空间。从发展机会看，员工从国际化的间接辅助者转变为面对国际化市场的直接参与者（Rich、Lepine 和 Crawford，2010）。作为总部在海外子公司的直接联络者，外派管理人员更容易获得重视，而国际化经验的积累也为未来职级晋升提供可能（Clarke 和 Mahadi，2017）。从工作能力来看，外派人员必须在东道国环境中捕捉和分析市场信息，提升对市场变化的敏感度；在应对不同语言和工作规范的工作情境下，外派人员的语言能力和职业化水平得到提升（Rich、Lepine 和 Crawford，2010）；在工作的对接管理中，需要应对文化差异带来的工作挑战，跨文化的沟通能力和管理能力也随之进步。因此，可以将促进个体资源增益的压力来源称为工作角色转变。第二，资源损耗方面，外派工作中的挑战不仅带来角色转变的机会，也包含着外派人员工作职责的加重

（Hobfoll，1989）。外派工作任务强度高、风险大，一旦失败会造成自身发展停步，对企业绩效造成巨大损失。巨大失败风险提醒是对外派人员心理韧性的巨大考验，暗示外派人员资源受损的可能。与此同时，高强度、高压力的工作挤占了外派人员大量精力和生活时间，工作—生活冲突使外派人员心理资源受损（Brotheridge C M、Lee，2002）。因此，本研究将损耗个体资源的压力来源称为工作责任转变。工作角色转变和工作责任转变都与外派人员的心理资源存量有紧密的联系。

此外，资源保存理论的观点强调，个体有维持自身资源存量、避免资源流失的内在驱动力（Halbesleben 等，2014）。当感知到潜在的资源损耗威胁时，个体会主动寻找内外部资源进行损失预防和弥补。同时，高资源投入也被证明对于资源损耗有缓解的作用。组织支持感帮助外派人员构建了在海外发展的初始心理资源，提高了他们的压力处理能力，协助他们进行心理调节，心理资源和物质资源的补充能够促进外派人员的心理获得感提高（Kraimer 和 Wayne 2004；Liu 和 Ipe，2010；Abdul Malek、Budhwar 和 Reiche，2015）。从个人层面看，不同的适应方式，如工作适应、跨文化适应、生活适应是弥补外派人员“外来者”短板的重要资源（Shaffer 和 Harrison，1999）。所以，本研究将组织支持感和外派适应作为外派人员幸福感的重要因素，考察他们在工作角色转变和工作责任转变对幸福感的影响中的调节作用。

6.3 研究假设

工作角色发生转变为外派人员的心理调节和行为表现带来了全新的挑战和压力（Wang 和 Kanungo，2004），但客观上对外派人员的绩效与个人成长产生增益作用。首先，根据资源保存理论，资源的积累使人们能够在工作中投资和再投资（Hobfoll 1989）。因此，外派人员在工作角色转变的过程中获得职级提升和个人能力的提升，这种资源帮助外派人员更好地应对工作，在进一步的职业竞争中脱颖而出，不仅带来巨大的职业发展，也提升外派人员对自身工作的认可度和幸福感。这些心理物质和心理增益激励外派人员去获取、保护这种无形资源。在角色转变中获得增益的外派员工更倾向将精力投入工作中，以期不断增强自身优势，持续获得工作幸福感。其次，Hallbesleben 等（2014）进一步指出，获得心理资源的个体会产生明确的资源信号感知（resource signal），包括资源可得信号（perceived availability of resources）、投资价值信号（the value of investment）以及投资行动信号（the action of investing resources）。这些正向信号感知最终导致个体采取积极策略应对压力，从而导致正面的心理感受，提高外派人员幸福感。

然而，外派人员的胜任力和精力资源并不是无限的。胜任力包含了知识、技能等外派人员完成工作所需的能力资源（Defillippi 和 Arthur，1994）。当工作角色转变的程度过大时，若胜任力无法达到工作角色转变的要求，则有可能引发职业倦怠，使工作幸福感下降（张永军，于瑞丽，魏炜，2016）。同时，过度的精力投入会造成外派人员生理疲劳、心理资源枯竭。即使完成工作的资源增益巨大，外派人员依然有可能因为倦怠引发的消极情绪而放弃任务。工作角色转变的程度如果和自身资源无法协调，当高工作要求无法得到个人资源补偿时，心理资源存量将随之衰竭。因此，此种情况下工作角色转变并不能提升外派人员的工作幸福感，还会造他们的心理负担，降低自我效能。基于以上，提出假设 1。

假设 1：工作角色转变与外派人员的工作幸福感存在倒“U”型关系，随着工作角色转变，幸福感先升高后下降。

由于应对工作责任转变所需要的心理成本高、工作压力大，外派人员承受着巨大的压力。资源保存理论强调，个体对资源损失的敏感度比对资源获得的敏感度更高（Halbesleben 和 Buckley，2004）。因此，当外派人员面对工作责任转变造成的精力损失时，更关注消极的情绪结果（如沮丧、焦虑），而弱化了对职业获得感的感知（Devente 等，2003）。由于工作责任转变中，任务难度大，一旦无法胜任外派工作，则能力漏洞成为个人发展的短板，使外派人员在职业发展道路上无法接续，形成阻碍。工作责任如果过度占用外派人员的非工作时间，就会造成任务过载，甚至可能挤压外派人员的生活空间。工作责任转变引起外派人员有限的精力和时间资源无法兼顾家庭需求，这极易激化工作—家庭冲突，并导致个人资源不断被消耗、倦怠感增加，对工作幸福感产生消极的影响（王颖等，2016）。此外，工作责任转变引发的外派人员潜在风险与外部环境不确定性合流，左右着外派人员对其自身职业前景的判断，可能抑制外派人员的职业成长和工作幸福感。如果外派人员判断外派任务复杂性过高而自身获益有限，那么为了不使自身利益资源受损，可能会激发退出机制。

但是，根据资源保存理论，面临风险困境时，个体或组织在保护资源免受侵害之外，还会加速资源吸收，为自身搭建资源库，扭转颓势，引导产生积极结果（Hobfoll 等，2017）。Hallbesleben 和 Bowler（2007）的研究发现，在情绪耗竭的情况下，个体仍然会进行资源投资行为，这种资源投资具有极强的目的性和工具性，帮助个体快速获得资源补足。工作责任转变过大时，极大的能力资源差距促使外派人员认清自身能力和工作要求的差异。明确的压力方向能够帮助员工切中自身问题的要害，激励员工通过努力改善资源流失的情况。因此，提出假设 2。

假设 2：工作责任转变与外派人员的工作幸福感存在“U”型关系，随着工作责任转变，幸福感先下降后升高。

资源保存理论的观点中员工心理资源的增益和损耗与周围的情境要素有密切的相关性（Hobfoll，2001）。而组织是与外派人员心理联系最为紧密的情境因素，并且是外派人员直接接触的直属领导。因此组织与员工互动的过程和组织给予的支持感能够帮助外派人员缓解焦虑紧张，并使员工获得积极情绪（Kalshoven、Den Hartog 和 De Hoogh，2011）。已有研究围绕组织支持感与员工工作结果之间的关系展开探索，发现当员工感知到较高的组织支持程度时（Wayne、Shore、Bommer 和 Tetrick，2002），员工的幸福感（Rhoades 和 Eisenberger，2002；Van Knippenberg 和 Sleebos，2006）、情感承诺（Cropanzano、Howes、Grandey 和 Toth，1997；Eisenberger 等，1986）、公民行为（Shore 和 Wayne 1993；Moorman、Blakely 和 Niehoff 1998）都随之上升，员工的离职意愿降低（Wayne、Shore 和 Liden

1997）。组织支持感可以被视为外派人员重要的资源补充和投入（Andresen、Goldman和Volodina，2018），因此，对于促进良性表现和减弱幸福感损耗有重要的作用。此外，外派人员面临巨大的不确定性，而组织支持感能够给他们提供充足的资源获得信号，缓解压力源带来的压力感知（Podsakoff、LePine和LePine，2007）。因此，本研究提出假设3和假设4。

假设3：工作角色转变对工作幸福感的作用机制受组织支持感的正向调节。

假设4：工作责任转变对工作幸福感的作用机制受组织支持感的正向调节。

外派人员的适应对工作幸福感十分重要，外派适应失败很可能导致自尊心受挫（Mendenhall和Oddou，1985；Tung，1987），降低外派人员的组织承诺，并导致工作绩效下降（Naumann，1993）。当外派人员无法融入东道国当地的物质与文化环境时，即一般适应程度较低时，外派人员将无法全身心地投入工作中，形成资源的低效和损耗，阻碍幸福感的提升（Andreason，2003；Shay和Back，2004；Caliguiri，1997）。由于外派人员在完成外派任务过程中需要与东道国本土员工进行大量互动，如果外派人员无法提升自身的互动适应程度，就会增加工作难度，引发工作责任转变带来的压力加剧（McEvoy和Parke，1995）。Cohen（1980）指出，较低的适应程度会给外派人员带来较大压力，会使外派人员产生认知疲劳、耗费个体精力，最终对外派绩效产生负向影响。Vicino与Bass（1978）发现，对于外派人员而言，其融入海外子公司工作环境时会遇到较多的角色冲突与文化障碍，从而给外派人员带来心理紧张感。在此情境下，如外派人员无法有效地进行个体的组织角色调整，外派绩效将会大幅下降（Motowidlo、Packard和Manning 1986）。与之相反，如果外派人员跨文化工作适应良好，能够很好适应海外子公司环境与组织角色，外派人员心理压力水平将会降低，更加专注于外派任务从而带来更高的外派绩效水平（Parker和McEvoy，1993）。基于此，本研究提出假设5和假设6。

假设5：工作角色转变对工作幸福感的作用机制受外派适应的正向调节。

假设6：工作责任转变对工作幸福感的作用机制受外派适应的正向调节。

6.4 研究方法

6.4.1 变量解释

工作角色转变（ROL）是用来衡量外派人员获得增益的工作压力源的变量。采用 Nicholson 和 West（1988）的量表而成。该变量的内部一致性系数 Crobach's α 为 0.873。

工作责任转变（RSP）是用来衡量导致外派人员心理资本损耗的工作压力源的变量。基于 Rizzo、House 和 Lirtzman（1970）和 Keller（2001）设计的成熟指标，具体问题表述有“我为现有工作投入过多精力”“我对工作应付不来”等，受访者根据情况量表给出分值，从 1 = “完全不同意”到 5 = “完全同意”的评估。此变量内部一致性系数 Crobach's α 达到 0.852。

外派人员工作幸福感（WB）是员工对外派工作中获得的幸福程度作出的评价。该变量参考 Birdseye 和 Hill（1995）、Aryee 和 Stone（1996）的研究，使用 Likert 5 点量表测量，题项问题涵盖外派人员对工作任务的态度、对自身快乐的程度评价、对工作环境的评价、对安全以及家庭幸福感的评价。评分范围从 1 = “非常差”到 5 = “非常高”。此变量的内部一致性系数 Crobach's α 为 0.964。

组织支持感（POS）是体现组织重视员工的贡献和福祉的变量。研究采用 Kraimer 和 Wayne（2004）的量表，请受访的外派人员进行自我评价，包括“公司总部为外派人员的工作成绩感到自豪”“如果有需要，公司总部愿意提供帮助”。量表内部一致性系数 Crobach's α 为 0.875。

外派适应（EAD）使用由 Black（1988）提出的量表对受访外派人员在外派东道国一般性适应、社交适应和工作适应三个方面的表现进行测度，具体问题包括“出行；餐饮习惯；生活购物；娱乐社交；工作协调；监管责任”等题项。该量表在本研究中的内部一致性系数 Crobach's α 为0.943。

控制变量指高层管理人员的背景特征，包括他们的国籍、年龄、外派经验等因素，都是塑造高层管理人员对组织承诺观念的关键因素。除此之外，与企业行为和价值取向紧密相关的企业性质、所处行业也对海外子公司履行企业社会责任存在影响。因此本研究将对可能对结果变量造成影响的因素进行控制。为了控制外派人员个体特征和企业所处行业特征的影响，本研究对以下变量进行控制：性别（Gen）、年龄（Age）、婚姻情况（Mar）、教育背景（Edu）、企业性质（Own）、所属行业（Ind）。

6.4.2 探索性因子分析

从研究变量的信度检验表可以看出，主要变量内部一致性系数为0.873—0.964，信度值均大于参考值0.7。由此认为研究变量的测量指标具有较高的内在一致性信度，测量的变量和数据具有可信度。详见表6-1。

表6-1　　问卷预试的信度分析结果

变量	项目	α值	参考值	结果
工作角色转变	7	0.873	0.7	信度良好
工作责任转变	4	0.852	0.7	信度良好
外派人员工作幸福感	18	0.964	0.7	信度良好
组织支持感	6	0.875	0.7	信度良好
外派适应	11	0.943	0.7	信度良好

本研究随后对主要变量进行了 KMO 和 Bartlett 球体检验，结果如表6-2所示。

表6-2　　KMO测度和Bartlett球体检验结果

量表	KMO值	近似卡方值	df	显著性概率
工作角色转变	0.824	1441.933	55	0.000

续表

量表	KMO 值	近似卡方值	df	显著性概率
工作责任转变	0.809	497.859	6	0.000
外派人员工作幸福感	0.954	4384.237	153	0.000
组织支持感	0.867	959.510	15	0.000
外派适应	0.922	2355.513	55	0.000

由效度检验结果可知，对自变量数据进行效度检验，得 KMO 值为 0.824，大于 0.7；Bartlett 球体检验的统计值的显著性为 0.000，小于 0.001，达显著性水平，表示所检验数据适合进行因子分析。

6.4.3 验证性因子分析

验证性因子分析围绕对测量量表的效度及测量模型与获得数据的拟合情况展开。效度是考察测量结果是否准确反映测量内容的指标。本研究通过检验内容效度、聚合效度及区别效度对量表的效度进行分析。

本研究在理论研究和文献调查的基础上，结合外派调研中的实际，收集和借鉴国内外研究中广泛使用的成熟量表，在具体制定量表的过程中，根据外派情境对概念中的个别问题进行调整或补充。因此，可以认为研究形成的所有题项所测量概念较准确，具备良好的内容效度。

聚合效度部分，不同测量指标在测量同种概念或特质时会表现出相同或相似的特点，因此显示出在该因素概念上形成较高的因子负荷量。验证性因子中对于聚合效度的广为接受的方法有因子负荷量法、平均方差抽取量法（AVE）、信度检测法。本研究使用 AMOS 22.0 软件进行分析，对模型及量表的结构效度进行验证。对使用量表测量的各变量内部一致性信度进行分析，具体结果如表 6－3 所示。

根据表 6－3 所示，各变量组合信度在 0.7—0.9 区间内，最低组合信度为变量工作幸福感（0.793）。这说明调整后量表信度上升。运算结果显示，全部题项的标准化因素负荷量值均大于 0.6，大部分负荷量大于 0.7。并且，所有题项的临界比率（CR）均大于标准 1.96，且在 0.001 水平上显

表 6-3　因载荷量与主要信效度指标

潜变量	测量项	因子载荷量	临界比值（CR）	P	组合信度	AVE
工作角色转变	ROL1	0.685			0.862	0.512
	ROL2	0.827	16.47	***		
	ROL3	0.627	10.736	***		
	ROL4	0.796	14.756	***		
	ROL5	0.613	10.398	***		
	ROL6	0.720	14.426	***		
工作责任转变	RSP1	0.861			0.862	0.611
	RSP2	0.806	16.823	***		
	RSP3	0.775	15.696	***		
	RSP4	0.673	13.075	***		
工作幸福感	WB1	0.731			0.793	0.604
	WB2	0.671	13.856	***		
	WB3	0.765	15.47	***		
	WB4	0.812	14.324	***		
	WB5	0.594	10.265	***		
	WB6	0.782	14.753	***		
	WB7	0.768	13.282	***		
	WB8	0.780	13.909	***		
	WB9	0.812	14.288	***		
	WB10	0.780	18.164	***		
	WB11	0.810	14.511	***		
	WB12	0.791	12.904	***		
	WB13	0.781	13.847	***		
	WB14	0.831	14.516	***		
	WB15	0.845	15.559	***		
	WB16	0.721	12.462	***		
	WB17	0.801	14.449	***		
	WB18	0.869	15.302	***		

续表

潜变量	测量项	因子载荷量	临界比值（CR）	P	组合信度	AVE
组织幸福感	POS1	0.735			0.896	0.634
	POS2	0.845	15.942	***		
	POS3	0.890	16.730	***		
	POS4	0.776	16.048	***		
	POS5	0.721	13.267	***		
外派适应	EAD1	0.711			0.795	0.606
	EAD2	0.76	16.727	***		
	EAD3	0.837	13.915	***		
	EAD4	0.839	16.648	***		
	EAD5	0.785	13.121	***		
	EAD6	0.782	13.146	***		
	EAD7	0.825	13.598	***		
	EAD8	0.827	13.716	***		
	EAD9	0.761	12.591	***		
	EAD10	0.780	13.138	***		
	EAD11	0.629	10.833	***		

注：***、**、*分别表示在0.1%、1%、5%的水平上显著。

著。大部分概念的平均方差抽取量AVE值都在0.5之上，显示出模型聚合效度比较高。

区别效度代表各概念间的相关度较低或存在显著差异。本研究选用卡方差异检验法（Chi-square difference test），运用AMOS进行了验证性因子分析来检验各变量概念之间是否存在区别效度。从表6-4卡方差异检验表中，可以清晰看出，各概念之间的受限模型和非受限模型间$\Delta\chi^2$差异值差距较大，最小142.214，最大1259.222，且都达到显著水平（$\Delta\chi^2 > 3.84$，$p > 0.05$），因此，变量间具有良好的区别效度。

综合以上，通过因子载荷量分析、一致性分析、组合信度分析、平均方差抽取量AVE分析、卡方差异检验，测得结果均体现出量表具有信度效度，反映出数据具有真实性、可靠性，可以进行进一步数据回归检验。详见表6-4。

表6－4　卡方差异检验

测量项	受限模型B（单维度构念测量模型）			未受限模型A（相关系数自由参数）			卡方值差异量（模型B－模型A）	自由度差异值
	ρ	df	χ^2	ρ	df	χ^2	$\Delta\chi^2$	Δdf
ROL－RSP	1	44	325.600	0.50	43	183.386	142.214***	1
ROL－WB	1	275	1636.587	0.35	274	1472.423	164.164***	1
ROL－POS	1	65	856.504	0.41	64	264.668	591.836***	1
ROL－EAD	1	135	833.502	0.08	134	628.850	254.652***	1
RSP－WB	1	209	1224.219	0.06	208	550.157	674.062***	1
RSP－POS	1	35	580.782	0.05	34	116.831	423.951***	1
RSP－EAD	1	90	864.563	0.04	89	350.450	514.113***	1
POS－WB	1	252	1646.481	0.05	251	1046.458	600.023***	1
POS－EAD	1	119	1222.937	0.13	118	552.582	671.355***	1
EAD－WB	1	377	2215.994	0.07	376	956.772	1259.222***	1

注：*** 受限模型与未受限模型 $\Delta\chi^2>10.827$ 在0.001水平显著；** 受限模型与未受限模型 $\Delta\chi^2>6.64$ 在0.01水平显著；* 受限模型与未受限模型 $\Delta\chi^2>3.84$ 在0.01水平显著。

6.4.4 相关性检验

使用SPSS 22.0对数据进行相关分析，具体各变量的均值、标准差和相关系数见表6-5。由表6-5变量的相关性分析可知，工作角色转变与外派适应（$r=0.249$，$p<0.001$）、外派人员工作幸福感与组织支持感（$r=0.317$，$p<0.001$）、外派人员工作幸福感与外派适应（$r=0.204$，$p<0.001$）呈现正相关关系。组织支持感与外派适应也存在正相关关系（$r=0.397$，$p<0.001$）。总体来看，所有变量间显著的相关性系数没有超过0.5，其他变量之间相关性较低。同时，本研究中所有变量的膨胀因子检验（VIF）所得数值均小于3，排除研究具有多重共线性问题。假设中所有变量的关系，尚需进一步验证，因此需要进行假设检验。

本研究构建的理论模型包含自变量工作角色转变（ROL）、工作责任转变（RSP），对因变量外派人员工作幸福感（WB）的主效应以及调节变量组织支持感（POS）和外派适应（EAD）的调节效应。因此，采取多元回归分析的方法对以上理论假设进行检验。

6.4.5 假设检验

（1）主效应检验

假设1和假设2作为本研究的主效应，提出工作角色转变与外派人员工作幸福感存在倒“U”型关系，工作责任转变与外派人员工作幸福感存在“U”型关系。对主效应假设1、假设2的验证分以下步骤进行：第一步，将因变量外派人员工作幸福感放入回归模型M1中，同时将控制变量性别（Gen）、年龄（Age）、婚姻情况（Mar）、受教育背景（Edu）、企业性质（Own）、企业所属行业（Ind）依次加入进行回归；第二步，将自变量工作角色转变（ROL）以一次项形式放入，形成模型M2，回归检验结果表明，工作角色转变与外派人员的工作幸福感有显著正向影响（$\beta=0.496$，$p<0.001$）。基于一次项成立的结果，再将自变量二次项（ROL^2）

表6-5 变量均值、标准误差与相关性分析

变量	*M*	*S. D.*	*ROL*	*RSP*	*WB*	*POS*	*EAD*	*Gen*	*Age*	*Mar*	*Edu*	*Own*	*Ind*
ROL	3.663	0.6264	1.000										
RSP	2.616	0.8735	0.070	1.000									
WB	3.629	0.5886	0.489	-0.060	1.000								
POS	4.027	0.5788	0.233	-0.001	0.317***	1.000							
EAD	3.799	0.5692	0.249***	-0.001	0.204***	0.397***	1.000						
Gen	1.186	0.488	0.048	0.132	-0.035	-0.006	-0.036	1.000					
Age	32.45	6.390	0.098	-0.079	0.022	0.167**	0.045	-0.028	1.000				
Mar	1.980	0.878	-0.012	0.085	0.001	-0.037	-0.079	0.016	-0.652***	1.000			
Edu	1.630	0.794	-0.005	0.076	-0.076	-0.132	-0.060	0.071	0.164*	-0.181*	1.000		
Own	1.970	0.069	-0.036	0.013	0.053	-0.097	-0.041	0.090	0.021	0.015	0.104	1.000	
Ind	6.600	0.439	-0.046	0.133	0.070	0.107*	0.087	0.061	0.087	-0.021	-0.100	0.011	1.000

注：*ROL* 表示工作角色转变；*RSP* 表示工作责任转变；*WB* 表示外派人员幸福感；*POS* 表示组织支持感；*EAD* 表示外派适应；*Gen* 表示性别；*Age* 表示年龄；*Mar* 表示婚姻情况；*Edu* 表示教育背景；*Own* 表示企业性质；*Ind* 表示所属行业。

*** 表示在0.001的水平（双侧）显著；** 表示在0.01的水平上（双侧）显著；* 表示在0.05的水平（双侧）显著。

加入模型 M2，形成模型 M3，检验结果显示，工作角色转变与外派人员的工作幸福感的“U”型关系假设不成立（$\beta=0.854$，$p>0.05$）。因此，假设 1 部分成立，主效应自变量工作角色转变与外派人员工作幸福感之间呈正相关关系；第三步，对主效应自变量工作责任转变与外派人员工作幸福感之间的关系进行检验，将工作责任转变（*RSP*）作为自变量加入模型 M1 中，形成模型 M4，工作责任转变对外派人员的工作幸福感有显著正向影响（$\beta=-0.292$，$p<0.001$）。基于一次项成立的结果，再将自变量二次项（RSP^2）加入，形成模型 M5，检验结果显示，工作责任转变对外派人员的工作幸福感的“U”型关系假设成立（$\beta=1.014$，$p<0.001$），假设 2 成立。详见表 6－6。

（2）调节效应检验

假设 3 提出组织支持感正向调节工作角色转变和外派人员工作幸福感之间的关系。为了验证调节效应是否存在，进行如下检测。第一步，在工

表 6－6　　　　主效应检验结果

变量	外派人员工作幸福感（WB）				
	M1	M2	M3	M4	M5
（常量）	3.536***	2.150***	3.962***	4.401***	4.319***
Gen	−0.028	−0.050	−0.079	0.039	−0.031
Age	0.038	−0.038	−0.086	0.067	0.056
Mar	0.012	−0.032	−0.108	0.033	0.041
Edu	−0.078	−0.078	0.019	−0.078	−0.033
Own	0.058	0.073	−0.034	−0.049	0.060
Ind	0.060	0.044	0.018	−0.061	0.036
ROL		0.496***	−0.335		
ROL^2			0.854		
RSP				−0.292***	−1.035***
RSP^2					1.014***
R^2	0.015	0.257	00.269	0.091	0.068
ΔR^2	0.007	0.238	0.246	0.065	0.041
F	0.693	13.416	11.529	3.570	2.472

注：***、**、*分别表示在 0.1%、1%、5% 的水平上显著。

作角色转变与外派人员幸福感为主效应的模型 M2 的基础上加入调节变量组织支持感进行检验，形成模型 M6。随后，在模型 M6 中放入自变量工作角色转变与调节变量组织支持感的交互项（$ROL \times POS$），从表中可以看出，工作角色转变与组织支持感之间的交互项对外派人员工作幸福感有显著的正向影响（$\beta = 0.150$，$p < 0.01$）。这表明，外派人员感受到的组织支持感程度越高，工作角色转变与外派人员工作幸福感之间的正向关系就越强，假设 3 成立。

由于假设 5 与假设 3 都是对工作角色转变和外派人员工作幸福感之间关系的调节效应检测，因此接下来对假设 5 进行检验。假设 5 提出外派适应正向调节工作角色转变和外派人员工作幸福感之间的关系。首先，在模型 M2 的基础上加入调节变量外派适应，形成模型 M8。其次，将自变量工作角色转变与调节变量外派条应的交互项（$ROL \times EAD$）放入模型 M8 中，所得模型 M9。经检验，工作角色转变与外派适应之间的交互项对外派人员工作幸福感有显著的正向影响（$\beta = 0.172$，$p < 0.05$）。这表明，外派人员适应程度越高，工作角色转变与外派人员工作幸福感之间的正向关系就越强，假设 5 成立。详见表 6 – 7。

表 6 – 7　　　　调节效应检验结果

变量	外派人员工作幸福感（WB）		变量	外派人员工作幸福感（WB）	
	M6	M7		M8	M9
（常量）	3.515 ***	3.690 ***	（常量）	3.670 ***	4.577 ***
Gen	−0.048	−0.054	*Gen*	−0.044	−0.056
Age	−0.087	−0.0097	*Age*	−0.032	−0.028
Mar	−0.050	−0.058	*Mar*	−0.017	−0.018
Edu	−0.047	−0.059	*Edu*	−0.071	−0.063
Own	0.090	0.105	*Own*	0.077	0.079
Ind	0.029	0.029	*Ind*	0.035	0.024
ROL	0.450 ***	0.393 ***	*ROL*	0.466 ***	0.447 ***
POS	0.224 ***	0.235 ***	*EAD*	0.119 *	0.117 **

续表

变量	外派人员工作幸福感（WB）		变量	外派人员工作幸福感（WB）	
	M6	M7		M8	M9
$ROL \times POS$		0. 150**	$ROL \times EAD$		0. 172*
R^2	0. 301	0. 320		0. 270	0. 299
ΔR^2	0. 280	0. 297		0. 248	2. 275
F	14. 590	14. 115		12. 513	12. 769

注：***、**、*分别表示在0.1%、1%、5%的水平上显著。

假设4提出，组织支持感正向调节工作责任转变和外派人员工作幸福感之间的关系。由于工作责任转变和外派人员工作幸福感之间是“U”型关系，在检验调节效应的过程中，需要注意构造自变量工作责任转变的二次项与调节变量组织支持感的交互项（$RSP^2 \times POS$）。为了验证调节效应是否存在，进行如下步骤检测。第一步，在工作责任转变与外派人员幸福感为主效应的模型M5成立的基础上，加入调节变量组织支持感进行检验，形成模型M10。之后，在模型M10中放入自变量工作责任转变与调节变量组织支持感的交互项（$ROL \times POS$）以及变量二次项与调节变量组织支持感的交互项（$RSP^2 \times POS$）。从表中可以看出，工作责任转变一次项与组织支持感的交互项并不显著（$\beta = 0.049$，$p > 0.05$），说明工作责任转变二次项与组织支持感的交互项在5%的水平上显著（$\beta = 0.197$，$p < 0.05$）。一次项交互效应不显著，二次项交互作用显著，表明组织支持感使曲线变得向内收敛，关系曲线的倾斜度没有发生改变，假设4部分成立。组织支持感正向调节工作责任转变与外派人员工作幸福感之间的关系。

假设6提出，外派适应对工作责任转变和外派人员工作幸福感有正向调节的作用。因而需要对其调节作用进行检验。首先将调节变量外派适应加入模型M5，得到模型M12。由于调节变量在模型M12中显著（$\beta = 0.119$，$p < 0.05$），进一步考察外派适应与一次项交互项、二次项交互项的关系。根据图中结果，一次项交互项（$\beta = 0.134$，$p > 0.05$）与二次项交互项（$\beta = 0.146$，$p > 0.05$）均不显著。假设6不成立。详见表6-8。

表 6 -8　　调节效应检验结果

变量	外派人员工作幸福感（WB）		变量	外派人员工作幸福感（WB）	
	M10	M11		M12	M13
（常量）	3.199***	3.571***	（常量）	3.357***	3.530***
Gen	-0.028	-0.040	*Gen*	-0.021	0.007
Age	-0.022	-0.032	*Age*	0.055	0.044
Edu	0.007	-0.013	*Edu*	0.055	0.057
Mar	0.004	-0.018	*Mar*	-0.031	-0.036
Own	0.084	0.095	*Own*	0.067	0.034
Ind	0.014	0.005	*Ind*	0.023	0.005
RSP	-0.915***	-0.683	*RSP*	-0.821*	-0.584*
RSP^2	0.882**	0.605*	RSP^2	0.790*	0.465
POS	0.304***	0.196*	*EAD*	0.191*	0.122
RSP×*POS*		0.049	*RSP*×*EAD*		0.134
RSP^2×*POS*		0.197*	RSP^2×*EAD*		0.146
R^2	0.153	0.180		0.301	0.131
ΔR^2	0.125	0.147		0.278	0.095
F	5.416	5.354		3.381	3.673

注：***、**、*分别表示在 0.1%、1%、5%的水平上显著。

综上所述，根据回归检验结果，对本章节研究中假设验证的情况进行汇总，详见表 6 -9。

表 6 -9　　假设验证情况

假设	假设内容	验证结果
假设 1	工作角色转变对外派人员的工作幸福感有正向影响（原假设：工作角色转变与外派人员的工作幸福感存在倒“U”型关系，随着工作角色转变，幸福感先升高后下降）	原假设部分成立
假设 2	工作责任转变与外派人员的工作幸福感存在“U”型关系，随着工作责任转变，幸福感先下降后升高	成立
假设 3	工作角色转变对工作幸福感的作用机制受组织支持感的正向调节	成立
假设 4	工作责任转变对工作幸福感的作用机制受组织支持感的正向调节	成立
假设 5	工作角色转变对工作幸福感的作用机制受外派适应的正向调节	成立
假设 6	工作责任转变对工作幸福感的作用机制受外派适应的正向调节	不成立

6.5 研究结论

本研究基于资源保存理论，深入研究了外派人员的工作角色转变和工作责任转变对外派人员工作幸福感的影响。研究结果表明：首先，工作角色转变与外派人员工作幸福感呈正相关关系，即工作角色转变程度越高，外派人员的工作幸福感越高；其次，工作责任转变与外派人员工作幸福感呈正“U”型关系，即当工作责任转变程度较小时，工作责任的转变与外派人员工作幸福感呈负相关关系，而当工作责任转变程度较大时，工作责任的转变与外派人员工作幸福感呈正相关关系。此外，组织支持感和外派适应正向调节工作角色转变与工作幸福感之间的正相关关系，即其他条件不变的情况下，组织的支持程度越高或对外派的适应程度越高时，工作角色转变与外派人员工作幸福感的正相关关系越强；最后，组织支持感正向调节工作责任转变与工作幸福感之间的“U”型关系，即在“U”型曲线的“拐点”左侧，即工作责任转变较小的时候，组织的支持越强，工作责任转变与员工的工作幸福感的负相关关系越强，在“U”型曲线的“拐点”右侧，即工作责任转变较大的时候，组织的支持越强，工作责任转变与员工的工作幸福感的正相关关系越强。

具体而言，第一，工作角色转变会对外派人员幸福感产生正向影响，外派人员在海外子公司的职位晋升和专业能力提升会使员工从工作中获得自我认可以及正面的心理激励。工作角色转变，使外派人员增强对工作的新鲜感，从而对提升外派人员的工作幸福感起到帮助。第二，工作责任转变与外派人员的关系是非线性的。工作责任转变包含了对员工心理资源的消耗作用。个体在外派初期面对不适应和困难时，心理资源受到潜在威胁，激发了回避困难的负面逃避机制，压力感、逃避感影响个体的幸福感。由于海外工作任务难度过大或外派人员自身能力资源储备不足，海外跨语言、跨文化的环境给外派人员造成了不可克服的困难。因此，外派人员的幸福感在初期随之出现下降趋势，这时工作责任转变并不能对员工的工作幸福感起到促进作用，反而会起到负面作用。第三，当工作责任转变增大到一定程度时，外派人员由于持续的心理资源损耗感到倦怠且不幸福；随着工作责任转变继续增大，在一定程度对外派人员的幸福感起到正面的刺激作用。逃避责任并不能解决外派中实际面临的困难，工作责任转变可能使外派人员认识到了处境的艰难以及继续逃避可能引起的职业生涯失败，进而影响子公司发展。因此，管理者转而谋求从本地社会中获得资源补充，帮助外派人员完成工作责任要求。同时心理资源的投入也有助于产生自我激励，改善压力环境，扭转工作局面，进而产生动力，克服工作困难，最终提高个人的幸福感。此外，工作难度越大的外派任务越可能受到母国总部以及上级领导的重视，任务难度越大，完成任务获得的职业收益越大，在损耗路径上，虽然前期表现为幸福感下降，但一定程度上由于获得收益性资源补充，幸福感随之上升。

（1）理论贡献

本研究在理论方面主要有两方面贡献。第一，从资源保存理论出发，对中国跨国企业外派人员的压力来源进行区分。遵循资源保存理论，结合外派工作情境，将带来心理增益的工作角色转变和导致心理损耗的工作责任转变从源头进行区分，因而对资源保存理论在外派研究领域进行了发展。第二，研究还探讨了两种压力源对外派人员幸福感的影响机制，研究发现不同的压力来源会通过不同的机制来影响外派人员的幸福感，带来增益的工作角色转变与个人幸福感是正向线性关系；带来损耗的工作责任转变与幸福感是“U”型关系。因此丰富了幸福感的影响因素，为外派人员的压力与幸福感的关系研究提供了新的角度。

（2）实践启示

本研究的实践启示主要包括两点。第一，除企业通过职位、工作内容等调整对员工的工作角色和责任的转变外，组织提供的支持和外派人员自身的适应也会对员工的工作幸福感产生影响。企业可以通过定期培训、物质奖励、晋升激励等多种方式为外派工作提供支持，同时结合工作角色转变的方式，可以使员工更多地感受到组织的重视和资源倾斜，从而使员工工作幸福感得到更大的提升。同时，员工对外派工作的适应程度越高，工作角色转变对于幸福感的提升也越高，因此企业应采取多种手段和方式，对员工进行教育、培训，使员工对外派当地的文化和生活有更多的了解，对子公司的组织、人员有更强的归属感，帮助外派人员减少抵触情绪、了解文化差异，减少文化冲突、距离感可能带来的负面影响，尽早适应当地工作和生活。

第二，从员工个人角度而言，个人工作幸福感的提升依赖于个人和组织双方的努力，外派人员要调整工作态度，积极主动地获取组织帮助来适应外派工作和生活。外派人员个人一方面可以主动向组织申请进行岗位、工作内容的定期调整，在允许范围内进行工作角色和责任的转变，并要求组织提供外派工作必要的精神、物质支持，另一方面可以通过主动适应工作地的文化、制度环境，积极了解子公司的组织架构和运行模式，迅速提升对外派工作的适应程度。

第 7 章

研究结论和启示

7.1 研究结论

本书基于可持续发展理论，结合外派管理实际，提出中国跨国企业可持续外派管理理念，通过文献综述总结了中国跨国公司外派管理的相关研究现状和理论缺口，并对子公司经济绩效、企业社会责任和外派人员工作幸福感进行研究，在外派管理过程中，找到了实现外派人员和海外子公司平衡发展的途径。主要结论包括以下四个方面：

第一，本书通过对外派相关理论和可持续发展的相关研究进行资料收集、分析和梳理，形成对外派人员研究现状的整体把握。从已有研究来看，外派相关研究主要集中于微观层面，分析其适应性能力或跨文化产生的个体绩效和组织绩效。研究成果形式丰富，包含案例研究和结构方程模型研究，但是，对外派人员相关方面的理论研究并不深入。外派管理的学者往往直接分析两种能力或个体特性的关系，并不深入挖掘其背后的原理。本书在假设检验和理论结合方面进行了逐步的挖掘，尝试用理论解读外派人员微观层面与子公司组织层面的影响机制。

第二，本书结合制度理论与“能力—动机—机会”框架，基于280个外派人员的数据样本，以回应双元压力为出发点，构建了兼顾子公司绩效和自主性的双路径模型。研究发现，高绩效工作系统管理下外派人员跨文化能力提升，最终影响海外子公司绩效提升。但是高绩效工作系统无法在双元压力下满足子公司对绩效和自主性活动的平衡需求，平衡的关键是外派人员的跨文化能力，外派人员跨文化能力受到高绩效工作系统的影响后，能够同时影响海外子公司绩效和自主性活动。所以，外派人员的跨文化能力嵌入了高绩效工作系统与平衡绩效和自主性活动的路径中，最终帮助海外子公司在绩效表现和自主性两方面实现平衡。

第三，本书运用逐层回归的方法，结合“一带一路”时代背景特点，以中国跨国企业外派人员为样本，剖析中国跨国企业国际化承诺和本地化承诺如何影响外派人员组织承诺进而影响海外子公司履行企业社会责任。研究运用制度理论和个人—环境匹配理论，经过研究发现，中国跨国企业的国际化承诺通过影响外派人员的组织承诺延伸驱动了海外子公司对企业社会责任的履行和承担。本地化承诺直接地影响了海外子公司的企业社会责任行为。双重承诺均对海外子公司承担企业社会责任的选择产生影响。

第四，基于资源保存理论，深入研究了外派人员的工作角色转变和工作责任转变对外派人员工作幸福感的影响。研究结果表明，工作角色转变与外派人员工作幸福感呈正相关关系，即工作角色转变程度越高，外派人员的工作幸福感越高；工作责任转变与外派人员工作幸福感呈正“U”型关系，即当工作责任转变程度较小时，工作责任的转变与外派人员工作幸福感呈负相关关系，而当工作责任转变程度较大时，工作责任的转变与外派人员工作幸福感呈正相关关系；组织支持感和外派适应正向调节工作角色转变与工作幸福感之间的正相关关系，即其他条件不变的情况下，组织的支持程度越高或对外派的适应程度越高时，工作角色转变与外派人员工作幸福感的正相关关系越强；组织支持感正向调节工作责任转变与工作幸福感之间的“U”型关系，在“U”型曲线的“拐点”左侧，即工作责任转变较小的时候，组织的支持越强，工作责任转变与员工的工作幸福感的负相关关系越强，在“U”型曲线的“拐点”右侧，即工作责任转变较大的时候，组织的支持越强，工作责任转变与员工的工作幸福感的正相关关系越强。

7.2 理论贡献

本研究的主要理论贡献在于：

第一，本研究从概念上对可持续外派管理提出了明确和全面的定义，针对中国跨国企业外派的可持续管理，围绕外派过程中企业经济价值、社会价值和个人价值的发展需要，将可持续外派管理定义为：外派人员追求个人幸福和海外子公司永续发展的经营过程中，通过帮助海外子公司创造经济绩效增长，促进海外子公司履行企业社会责任，全面实现经济可持续发展、社会可持续发展及个人可持续发展的外派人员管理战略。本研究是对可持续发展相关理论的积极拓展，也是将可持续发展与外派管理嫁接结合的新尝试。不仅增强了国际人力资源管理研究和可持续管理视角之间的联系，同时也为国际商务与人力资源管理的研究提供新的研究思路。

第二，本研究从总部及企业外派人员个人两个层面出发，在研究中构建了组织和员工两个层面的概念，由组织层面提供的工作系统设计、战略承诺、支持等多个方面以及个人层面的能力、承诺、适应程度等多个方面，共同支撑起双层交互的研究体系，并全面地对可持续外派管理的作用机制进行了深入剖析，解构了组织层和个人层对可持续外派管理中对企业经济价值、社会价值和个人价值三个方面的影响机制和作用路径。从总部组织和外派员工两个方面对如何进行可持续外派管理这一关键问题作出了的回应和解答。因而，本研究为该问题的进一步探索提供了总部和员工双重视角，丰富了对外派研究的探索角度。

第三，本研究总体上从经济绩效、社会绩效、个人幸福感三个方面入手，从外派人员创造经济绩效的能力、承担社会责任行为的动机和提高个人幸福感的机会这三个方面出发，关注海外子公司的社会、经济和个人可持续发展的路径和机制。一方面是，本研究是对可持续外派管理领域中，什么是可持续外派管理这一问题的进一步具体化、细致化；另一方面，本研究基于经济、社会和个人不同维度展开探究，这种宏观、中观、微观相结合的视角和思路，突破了传统外派管理仅仅聚焦微观视角的研究局限，为外派管理研究提供了新的视角，提供了新的思路建议，拓宽了外派管理研究发展方向。

第四，本研究尝试对战略管理相关理论和人力资源相关理论进行了多种探索：其一，将制度理论应用于外派研究，拓展了制度理论的应用范畴，将制度双元概念从组织层面拓展到员工层面，增强了制度理论对外派管理实践多样性的解释力；其二，将高绩效工作系统应用于中国跨国公司中外派人员细化管理过程，强调人力资源要素管理要与组织内外部环境相匹配，通过一致性匹配与互补性匹配提升人力资源管理效果；其三，从资源保存理论出发，结合外派工作情境，对中国跨国企业外派人员的压力来源进行区分，因而对资源保存理论在外派研究领域进行了发展。因此，本研究建立了外派情境下人力资源管理理论与战略管理领域的交流与对话，为人力资源管理和战略管理领域的研究架起了桥梁。

第五，本研究丰富了外派人员如何对海外子公司履行企业社会责任发挥作用的相关问题研究，认为外派人员是企业国际化承诺作用于企业履行东道国社会责任的中间机制，一定程度上对企业国际化战略行为与社会责任履行的路径和机制进行了探索，也为企业社会责任的因素研究提供了新视角。同时本研究将企业和所处国家环境层面的制度理论与组织行为领域的个体视角相结合，在中国跨国企业管理情境下提出可操作的实现范式。

7.3 研究启示

本研究对中国跨国企业外派管理提出以下建议：

第一，从组织层面来看，要重视外派人力资源的培养和重视。外派人员是事关企业发展大局的重要资源，在海外子公司生产经营过程中发挥了不可替代的作用。外派人员是企业的知识资源储备，外派决策安排得当既能够促进企业经济价值提升，为企业后续发展集聚资源；又能打通文化隔阂，创造企业社会价值，开辟中国企业参与世界发展共建的新局面。要从专业技能选拔考察、对员工完成外派工作动机的激励、对员工参与外派的支持和全流程、全环节人才储备库的建设等方面综合管理。建立对外派人员有效的管理系统不是治理的终点而是起点，通过人力资源系统设计和外派人员跨文化能力的发挥，来弥补中国跨国企业在国际市场中“后来者”的形象短板和能力短板。要构建覆盖外派培训、赴任、晋升、奖励、回任的全面机制，推动外派工作有序开展。此外，企业对外派人力资源的重视也应涵盖对个人心理需求发展的关注，可以适当予以资源倾斜，提高员工的心理资源获得感。企业应采取多种手段和方式，对员工进行教育、培训，使员工对外派当地的文化和生活有更多的了解，对子公司的组织、人员有更强的归属感，帮助外派人员了解文化差异，减少文化冲突、距离感可能带来的负面影响，提高个体适应效果和总体的绩效表现。真正实现外派人员追求个人幸福和海外子公司永续发展的经营过程中，通过帮助海外子公司创造经济绩效增长，促进个人价值与企业价值的统一。

第二，从个人层面来看，外派人员应该有清醒的角色定位，明白自身的任务、角色，也要对组织的战略有清晰的认识。个人工作幸福感的提升依赖于个人和组织双方的努力，外派人员要调整工作态度，积极主动地寻求组织帮助，适应外派工作和生活。一方面可以主动向组织申请进行岗位、工作内容的定期调整，在允许范围内进行工作角色和责任的转变，并要求组织提供外派工作必要的精神、物质支持，另一方面可以通过主动适应工作地的文化、制度环境，积极了解子公司的组织架构和运行模式，迅速提升对外派工作的适应程度。要全面学习，提升自己对信息的掌握能力、对问题的分析能力、对困难的处理能力。外派工作是复杂的，也是充满风险的。这就需要外派人员重视自身职责作用的发挥，尽职尽责。从实践角度来看，国际化程度日益加深的背景下，外派人员作为母公司对海外子公司的战略安排，其作用日益凸显。企业希望通过外派人员对海外业务和资源进行有效控制和管理，并以外派人员为知识、信息和管理的有效载体，帮助企业实现资源全球配置、海外市场拓展，实现规模化，提高专业化，完成国际化。但是，外派过程中的内外部困难，往往造成严重后果，一旦外派失败，对母国总部将造成财务绩效损失和口碑形象的损害。因此，对外派人员的管理要尽可能地顾全个体的心理情绪以及外部的经济、社会因素，尽量避免外派失败，促进组织总体绩效提升。

第三，从社会层面来看，跨国企业的战略和行为与外派人员的行为是一个双向影响的过程，“一带一路”倡议提出的背景下，国与国之间、企业与企业之间的“共享、共商、共建”不应仅仅是口号，而应融入企业的氛围与文化中，体现在企业的战略和行为上，只有企业与外派人员两方面双向影响和作用，才能使企业经济和社会效益持续提升。中国跨国企业应将提高管理水平的任务与把握时代脉动的要求相结合，重视具体管理与战略规划的配合作用。中国跨国企业要敞开胸襟，正确看待企业社会责任。“一带一路”的倡议，是推动和深化各国、各地区互相理解、尊重、信任的合作之路。只有转变观念，加深理解，才能将承担企业社会责任与企业战略布局相协调，与企业自身能力相协调，与企业外部环境要求相协调。符合企业利益、有利于企业发展的同时兼顾东道国本地利益的社会责任，才是企业可持续健康发展的推进器，才能使履行企业社会责任升华为中国跨国企业发展的关键支撑。

党的十九大以来，中国提出构建人类命运共同体的时代新宣言，这既是国家层面的发展战略，也是和中国企业、中国员工息息相关的政策信号。从全局着眼，人类正在共享科学进步带来的成果，也在共担人类命运的风险。一旦出现战争、瘟疫、灾害，作为嵌入东道国市场的跨国企业和外派人员无法置身事外，将与东道国社会共担风险。因此，子公司在海外从事经济活动的过程中承担好社会责任，既符合国家战略宏观要求，也符合全球通识的价值观。从小处着眼，员工、海外子公司与母国总公司也组成了相互关联的命运共同体，三者相互影响，相互促进。正因为命运与共，一旦做出有损一方的行为，最终结果将是零和博弈。所以，要全面发展可持续外派管理，平衡经济绩效、社会绩效和个人发展之间的关系。这也是可持续外派管理所希望达到的效果。

7.4 研究局限和未来研究方向

本书在完成三个研究的同时，存在一些局限，需要进一步探索和完善。

第一，从总体上来看，本研究系统地对可持续外派管理概念的三个方面进行阐述和研究，并将可持续外派管理概念与中国情境相结合，但是受到距离、成本、时间等各种条件的限制，对概念的挖掘仅在中国跨国企业样本中展开，获得的结果仍有待向其他研究情境进行延伸，需要增加发达国家和发展中国家情境下的样本，对本研究获得的结论进行验证。此外，本研究对可持续外派管理的相关概念与制度理论、匹配理论、资源保存理论进行了有益的结合，未来研究或可尝试将可持续外派管理的概念与其他理论进行结合。

第二，从研究方法上来看，本研究为避免数据同源性问题，问卷设计采取双层交叉的方法，通过向外派高管层和外派员工层分别发放问卷来提高本研究结论的可靠性。但由于研究三主要围绕员工层面展开探究，相关变量的选取和设计无法避免地主要来自外派员工层面。具体来说，研究三中的自变量工作角色转变、工作责任转变以及因变量外派人员幸福感都是人员层面的变量，且均出于外派人员量表，因而结果可能存在数据同源性问题，这是本研究的一个不足之处。后续相关研究可以考察来自组织层的变量，进行调节或检验与本研究相关假设，避免同源性问题。

第三，本研究的数据均来自问卷调查，虽然通过信度、效度检验已验证了研究的可信性和有效性，但是如果将来可以通过一手、二手数据相结合的方式对该问题进行进一步研究，则可以得出更加稳健的结论。

第四，虽然本研究基于已有研究和成熟的量表对海外子公司履行企业社会责任的情况进行测量，并检验了量表的信度和效度，但企业实践中的社会绩效和社会价值难以精准量化，缺乏成体系的数据衡量。

第五，对于中国跨国企业可持续外派管理的研究，还可以从企业案例的角度入手，结合中国情境或国际化情境，尽量从多方途径收集企业材料，通过对企业一线外派人员进行访谈和信息收集，补充现有研究的不足，进而保证材料真实可靠。

第六，当前中国外派人员呈现年轻化、高素质的特点，应当以新一代青年外派人员为研究对象，丰富中国外派管理的研究样本，拓展外派的差异化研究。

参考文献

[1] 陈立敏，刘静雅，张世蕾．模仿同构对企业国际化—绩效关系的影响——基于制度理论正当性视角的实证研究［J］．中国工业经济，2016（9）：127－143.

[2] 樊耘，阎亮，张克勤．组织文化、人力资源管理实践与组织承诺［J］．科学学与科学技术管理，2012（9）：173－182.

[3] 樊耘，张旭，颜静．基于理论演进角度的组织承诺研究综述［J］．管理评论，2013（9）：101－113.

[4] 何蓓婷，安然．中方外派管理者的跨文化适应压力及应对机理［J］．管理案例研究与评论，2019（9）：74－92.

[5] 蒋建武，赵曙明．心理资本与战略人力资源管理［J］．经济管理，2007（9）：55－58.

[6] 李自杰，高璆崚．梁屿汀，新兴市场企业如何推进并进型对外直接投资战略？［J］．科学学与科学技术管理，2017（1）：62－74.

[7] 李宗波，李锐．挑战性—阻碍性压力源研究述评［J］．外国经济与管理，2013（5）：40－49.

[8] 刘小平．员工组织承诺的形成过程：内部机制和外部影响——基于社会交换理论的实证研究［J］．管理世界，2011（11）：92－104.

[9] 刘燕，李锐．中国跨国公司外派人员多目标主动行为的前因与后果——挑战性—阻碍性压力视角［J］．心理科学进展，2018（9）：1553－1566.

[10] 罗岭，王娟茹．回任人员情感承诺、知识传播动机与知识转移的关系［J］．科技管理研究，2017（5）：259－266.

[11] 任华亮，杨东涛，彭征安．创新氛围和工作自主性的调节作用

下能力与成长工作值观对创新行为的影响研究［J］. 管理学报，2015（10）：1450－1456.

［12］申艳娥，叶一舵，王深，等. 新生代企业员工网络社会支持与积极工作压力的关系研究［J］. 福建师范大学学报（哲学社会科学版），2017（4）：158－166.

［13］王朝晖. 战略人力资源管理与组织双元的关系研究述评［J］. 外国经济与管理，2016（3）：44－60.

［14］王亮，牛雄鹰. 外派适应研究述评与展望［J］. 华东经济管理，2018（2）：176－184.

［15］王颖. 高校人力资源开发与管理新机制探索［J］. 人力资源管理，2016（12）：188－189.

［16］王玉梅，何燕珍. 跨国外派管理实践对外派人员跨文化适应的影响——基于中国企业的实证研究［J］. 经济管理，2014（5）：80－92.

［17］魏江，王诗翔，杨洋. 向谁同构？中国跨国企业海外子公司对制度双元的响应［J］. 管理世界，2016（10）：134－149，188.

［18］吴明隆. 结构方程模型：Amos 实务进阶［M］. 重庆大学出版社，2013.

［19］吴明隆. 卷统计分析实务 SPSS 操作与应用［M］. 重庆大学出版社，2013.

［20］阎亮. 基于社会交换理论的新生代员工工作承诺影响机制研究［J］. 软科学，2016（7）：90－93，98.

［21］叶晓倩，李岱霖，王瑜芬. 跨国公司知识管理创新实施——外派管理人员回任适应与回任知识转移视角［J］. 科技管理研究，2017（9）：157－164.

［22］张永军，于瑞丽，魏炜. 挑战性—阻断性压力与创造力：情绪的中介作用［J］. 华东经济管理，2016（1）：156－161.

［23］张韫黎，陆昌勤. 挑战性—阻断性压力（源）与员工心理和行为的关系：自我效能感的调节作用［J］. 心理学报，2009（6）：501－509.

［24］赵慧娟，龙立荣. 基于多理论视角的个人—环境匹配、自我决

定感与情感承诺研究 [J]. 管理学报，2016 (6)：836 -846.

[25] 周燕华，李季鹏. 中国跨国公司员工社会资本对外派适应的影响研究 [J]. 经济与管理研究，2012 (1)：95 -103.

[26] 祝继高，王谊，汤谷良. “一带一路”倡议下中央企业履行社会责任研究——基于战略性社会责任和反应性社会责任的视角 [J]. 中国工业经济，2019 (9)：174 -192.

[27] 庄贵军，周南，周筱莲，等. 跨文化营销渠道中文化差异对企业间信任与承诺意愿的影响 [J]. 管理评论，2009 (1)：67 -76.

[28] Adams C, Zutshi A. Corporate social responsibility: why business should act responsibly and be accountable [J]. Australian accounting review, 2004, 14 (34): 31 -39.

[29] Adler P S, Kwon S W. Social capital: Prospects for a new concept [J]. Academy of management review, 2002, 27 (1): 17 -40.

[30] Agle, R. B., R. K. Mitchell and J. A. Sonnenfeld: Who Matters to CEOs? An Investigation of Stakeholder Attributes and Salience, Corporate Performance, and CEO Values [J]. Academy of Management Journa, 1999, 142 (5).

[31] Ahmadjian C L, Robinson P. Safety in Numbers: Downsizing and the Deinstitutionalization of Permanent Employment in Japan [J]. Administrative Science Quarterly, 2001, 46 (4): 622 -654.

[32] Allen N J, Meyer J P. Affective, Continuance and Normative Commitment to the Organization: An Examination of Construct Validity [J]. Journal of Vocation Behavior, 1996, 49 (3): 252 -276.

[33] Allen N J, Meyer J P. Organizational socialization tactics: A longitudinal analysis of links to newcomers' commitment and role orientation [J]. Academy of management journal, 2007, 33 (4): 847 -858.

[34] Allen N J, Meyer J P, . The Measurement and Antecedents of Affective, Continuance and Normative Commitment to the Organization [J]. Journal of Occupational Psychology, 1990 (63): 1 -18.

[35] Andresen M, Goldmann P, Volodina A. Do Overwhelmed Expatri-

ates Intend to Leave? The Effects of Sensory Processing Sensitivity, Stress, and Social Capital on Expatriates' Turnover Intention [J]. European Management Review, 2018, 15 (3): 315 –328.

[36] Appelbaum E, Bailey T, Berg P B, et al. Manufacturing advantage: Why high – performance work systems pay off [M]. Cornell University Press, 2000.

[37] Argote L, Mcevily B, Reagans R, et al. Managing Knowledge in Organizations: An Integrative Framework and Review of Emerging Themes [J]. Management Science, 2003, 49 (4): 571 –582.

[38] Armstrong S, Li Y. A Study of Anglo Expatriate Managers: Learning, Knowledge Acquisition, and Adjustment in Multi – National Companies in China [J]. Academy of Management Learning & Education, 2015.

[39] Aryee S, Stone R J. Work experiences, work adjustment and psychological well – being of expatriate employees in Hong Kong [J]. International Journal of Human Resource Management, 1996, 7 (1): 150 –164.

[40] Aycan Z, Kanungo R N. Impact of Acculturation On Socialization Beliefs and Behavioral Occurrences Among Indo – Canadian Immigrants [J]. Journal of Comparative Family Studies, 1998, 29 (3): 451 –467.

[41] Babcock R D, Du – Babcock B. Language – based communication zones in international business communication [J]. The Journal of Business Communication, 2001, 38 (4): 372 –412.

[42] Bakker A B, Tims M, Derks D. Proactive personality and job performance: The role of job crafting and work engagement [J]. Human Relations, 2012, 65 (10): 1359 –1378.

[43] Banai M, Reisel W D. Expatriate managers' loyalty to the MNC: Myth or reality? An exploratory study [J]. Journal of International Business Studies, 1993, 24 (2): 233 –248.

[44] Bansal P, Roth K. Why companies go green: A model of ecological responsiveness [J]. Academy of management journal, 2000, 43 (4): 717 –736.

[45] Barney J. Firm resources and sustained competitive advantage [J]. Journal of management, 1991, 17 (1): 99 - 120.

[46] Barringer M W, Milkovich G T. A Theoretical Exploration of the Adoption and Design of Flexible Benefit Plans: A Case of Human Resource Innovation [J]. The Academy of Management Review, 1998, 23 (2): 305 - 324.

[47] Baumgartner R J, Ebner D. Corporate sustainability strategies: sustainability profiles and maturity levels [J]. Sustainable Development, 2010, 18 (2): 76 - 89.

[48] Becker B, Gerhart B. The impact of human resource management on organizational performance: Progress and prospects [J]. Academy of management journal, 1996, 39 (4): 779 - 801.

[49] Becker H S. Notes on the Concept of Commitment [J]. American Journal of Sociology, 1960, 66 (1): 32 - 40.

[50] Benito G R G, Petersen B, Welch L S. Towards more realistic conceptualisations of foreign operation modes [J]. International Business Strategy. Routledge, 2015: 246 - 265.

[51] Berry H. Knowledge inheritance in global industries: The impact of parent firm knowledge on the performance of foreign subsidiaries [J]. Academy of Management Journal, 2015, 58 (5): 1438 - 1458.

[52] Bhaskar - Shrinivas P., Harrison D. A., Shaffer, M. A., et al. 2004. What have we learned about expatriate adjustment: answers accumulated from 23 years of research [J]. Academy of Management Annual Meeting Proceedings, 2004 (1), A1 - A6.

[53] Bhuian S N, Mengue B. An Extension and Evaluation of Job Characteristics, Organizational Commitment and Job Satisfaction in an Expatriate, Guest Worker, Sales Setting [J]. Journal of Personal Selling & Sales Management, 2002, 22 (1): 1 - 11.

[54] Bierema L L, D' abundo M L. HRD with a conscience: Practicing socially responsible HRD [J]. International Journal of Lifelong Education,

2004, 23 (5): 443 - 458.

[55] Bird A, Mendenhall M E. From cross - cultural management to global leadership: Evolution and adaptation [J]. Journal of World Business, 2016, 51 (1): 115 - 126.

[56] Birkinshaw J, Hood N, Jonsson S Building firm - specific advantages in multinational corporations: the role of subsidiary initiative [J]. Strategic Management Journal, 1998, 19 (3): 221 - 242.

[57] Black J S, Gregersen H B. When Yankee Comes Home: Factors Related to Expatriate and Spouse Repatriation Adjustment [J]. Journal of International Business Studies, 1991, 22 (4): 671 - 694.

[58] Black J S, Mendenhall G M E. Toward a Theoretical Framework of Repatriation Adjustment [J]. Journal of International Business Studies, 1992, 23 (4): 737 - 760.

[59] Black J S, Gregersen H B. Antecedents to cross - cultural adjustment for expatriates in Pacific Rim assignments [J]. Human relations, 1991, 44 (5): 497 - 515.

[60] Black J S, Mendenhall M. Cross - cultural training effectiveness: A review and a theoretical framework for future research [J]. Academy of management review, 1990, 15 (1): 113 - 136.

[61] Black, J. S. The Influence of the Spouse on American Expatriate Adjustment and Intent to Stay in Pacific Rim Overseas Assignments [J]. Journal of Management, 1989, 15 (4), 529 - 544.

[62] Black, J. Stewart, Gregersen, H. B. The Other Half of the Picture: Antecedents of Spouse Cross - Cultural Adjustment [J]. Journal of International Business Studies, 191, 22 (3), 461 - 477.

[63] Black, J. Stewart, Gregersen, H. B. When Yankee Comes Home: Factors Related to Expatriate and Spouse Repatriation Adjustment [J]. Journal of International Business Studies, 1991, 22 (4), 671 - 694.

[64] Black, J. Stewart, Mendenhall M. The U - curve adjustment hypoth-

esis revisited：A review and theoretical framework [J]. Journal of International Business Studies，1991，22 (2)，225 -247.

[65] Black，J. Stewart，Gregersen，H. B.，Mendenhall，M. E. Toward a Theoretical Framework of Repatriation Adjustment [J]. Journal of International Business Studies，1992，23 (4)，737 -760.

[66] Black J.，Stewart，Mendenhall M.，Oddou G. Toward a comprehensive model of international adjustment：An integration of multiple theoretical perspectives [J]. Academy of Management Review，1991，16 (2)，291 -317.

[67] Black，J. Stewart. Work role transitions：A study of American expatriate managers in Japan [J]. Journal of International Business Studies，1988，19 (2)，277 -294.

[68] Blumberg M，Pringle C D. The missing opportunity in organizational research：Some implications for a theory of work performance [J]. Academy of management Review，1982，7 (4)：560 -569.

[69] Bonache J，Noethen D. The Impact of Individual Performance On Organizational Success and its Implications for the Management of Expatriates [J]. The International Journal of Human Resource Management，2014，25 (14)：1960 -1977.

[70] Bonebright C A，Clay D L，Ankenmann R D. The relationship of workaholism with work -life conflict，life satisfaction，and purpose in life [J]. Journal of counseling psychology，2000，47 (4)：469.

[71] Boon C，Paauwe J，Boselie P，et al. Institutional pressures and HRM：developing institutional fit [J]. Personnel Review，2009，38 (5)：492 -508.

[72] Boselie P，Boselie P，Brewster C，et al. In search of balance - managing the dualities of HRM：an overview of the issues [J]. Personnel Review，2009，38 (5)：461 -471.

[73] Bos - Nehles A C，Van Riemsdijk M J，Kees Looise J. Employee perceptions of line management performance：applying the AMO theory to ex-

plain the effectiveness of line managers' HRM implementation [J]. Human resource management, 2013, 52 (6): 861 - 877.

[74] Bouraoui K, Bensemmane S, Ohana M, et al. Corporate social responsibility and employees' affective commitment A multiple mediation model [J]. Management Decision, 2019, 57 (1): 152 - 167.

[75] Boxall P, Purcell J. Strategy and human resource management [J]. ILR Review, 2003, 57 (1): 84.

[76] Brock D M, Shenkar O, Shoham A, et al. National culture and expatriate deployment [J]. Journal of International Business Studies, 2008, 39 (8): 1293 - 1309.

[77] Brotheridge C M, Lee R T. Testing a conservation of resources model of the dynamics of emotional labor [J]. Journal of occupational health psychology, 2002, 7 (1): 57.

[78] Brouthers, Keith D. Institutional, Cultural and Transaction Cost Influences on Entry Mode Choice and Performance [J]. Journal of International Business Studies, 2002, 33 (2): 203 - 221.

[79] Brown T J, Dacin P A. The company and the product: Corporate associations and consumer product responses [J]. Journal of marketing, 1997, 61 (1): 68 - 84.

[80] Buysse K, Verbeke A. Proactive environmental strategies: A stakeholder management perspective [J]. Strategic management journal, 2003, 24 (5): 453 - 470.

[81] Cable D M, Edwards J R. Complementary and supplementary fit: a theoretical and empirical integration [J]. Journal of applied psychology, 2004, 89 (5): 822.

[82] Cable D M, Judge T A. Person - organization fit, job choice decisions, and organizational entry [J]. Organizational behavior and human decision processes, 1996, 67 (3): 294 - 311.

[83] Cable D. M. , Judge. A ' Interviewers' Perception of Person - Organ-

ization Fit and Organizational Selection Decisions [J]. Journal of Applied Psychology, 1997, 82, 546 – 561.

[84] Caligiuri P M, Tung R L. Comparing the success of male and female expatriates from a US – based multinational company [J]. International Journal of human resource management, 1999, 10 (5): 763 – 782.

[85] Caligiuri P, Mencin A, Jiang K. Win – win – win: The influence of company – sponsored volunteerism programs on employees, NGOs, and business units [J]. Personnel Psychology, 2013, 66 (4): 825 – 860.

[86] Campbell D J, Campbell K M, Chia H B. Merit pay, performance appraisal, and individual motivation: An analysis and alternative [J]. Human Resource Management, 1998, 37 (2): 131 – 146.

[87] Campbell J P, McCloy R A, Oppler S H, et al. A theory of performance [J]. Personnel selection in organizations, 1993, 3570: 35 – 70.

[88] Caplan R D, et al. Subjective past, present, and future fit: effects on anxiety depression, and other indicators of well – being [J]. Journal of Personality & Social Psychology, 1985.

[89] Caplan R D. Person – environment fit theory and organizations: Commensurate dimensions, time perspectives, and mechanisms [J]. Journal of Vocational behavior, 1987, 31 (3): 248 – 267.

[90] Carless S A. Person – job fit versus person – organization fit as predictors of organizational attraction and job acceptance intentions: A longitudinal study [J]. Journal of Occupational and Organizational Psychology, 2005, 78 (3): 411 – 429.

[91] Caroll A B. Carroll's pyramid of CSR: taking another look [J]. International Journal of Corporate Social Responsibility, 2016, 1 (1): 3.

[92] Cavanaugh M A, Boswell W R, Roehling M V, et al. An empirical examination of self – reported work stress among US managers [J]. Journal of Applied Psychology, 2000, 85 (1): 65.

[93] Chang D, Kuo L R. The effects of sustainable development on firms'

financial performance - an empirical approach [J]. Sustainable Development, 2008, 16 (6): 365 -380.

[94] Chang Q, Xiao G, Biller S, et al. Energy saving opportunity analysis of automotive serial production systems [J]. IEEE Transactions on Automation Science and Engineering, 2012, 10 (2): 334 -342.

[95] Chang S I. Study on human resource management in Korea's chaebol enterprise: a case study of Samsung Electronics [J]. The International Journal of Human Resource Management, 2012, 23 (7): 1436 -1461.

[96] Chang Y Y, Gong Y, Peng M W. Expatriate knowledge transfer, subsidiary absorptive capacity, and subsidiary performance [J]. Academy of Management Journal, 2012, 55 (4): 927 -948.

[97] Chen D W, Hsu Y H, Liao J Y, et al. Sustainable release of vancomycin, gentamicin and lidocaine from novel electrospun sandwich - structured PLGA/collagen nanofibrous membranes [J]. International journal of pharmaceutics, 2012, 430 (1 -2): 335 -341.

[98] Chen G, Kirkman B L, Kim K, et al. When does cross - cultural motivation enhance expatriate effectiveness? A multilevel investigation of the moderating roles of subsidiary support and cultural distance [J]. Academy of Management journal, 2010, 53 (5): 1110 -1130.

[99] Child J, Tsai T. The Dynamic Between Firms' Environmental Strategies and Institutional Constraints in Emerging Economies: Evidence from China and Taiwan [J]. Journal of Management Studies, 2005, 42 (1): 95 -125.

[100] Christman J. Relational Autonomy, Liberal Individualism, and the Social Constitution of Selves [J]. Philosophical Studies, 2004, 117 (1): 143 -164.

[101] Christmann P. Effects of "best practices" of environmental management on cost advantage: The role of complementary assets [J]. Academy of Management journal, 2000, 43 (4): 663 -680.

[102] Clarke N, Mahadi N. Mutual recognition respect between leaders

and followers：Its relationship to follower job performance and well - being [J]. Journal of business ethics，2017，141 (1)：163 - 178.

[103] 国家统计局．中国统计年鉴 - 2020 [EB/OL]. (2020 - 2 - 16). http：//www. stats. gov. cn/tjsj/ndsj/2019/indexch. htm

[104] 国家统计局．中国统计年鉴 - 2020 [EB/OL]. (2020 - 2 - 16). http：//www. stats. gov. cn/tjsj/tjgb/rkpcgb/

[105] Colakoglu S，Caligiuri P. Cultural distance，expatriate staffing and subsidiary performance：The case of US subsidiaries of multinational corporations [J]. The international journal of human resource management，2008，19 (2)：223 -239.

[106] Colakoglu S，Tarique I，Caligiuri P. Towards a conceptual framework for the relationship between subsidiary staffing strategy and subsidiary performance [J]. The International Journal of Human Resource Management，2009，20 (6)：1291 -1308.

[107] Cooke F L，Wood G，Horwitz F. Multinational firms from emerging economies in Africa：implications for research and practice in human resource management [J]. International Journal of Human Resource Management，2015，26 (21)：2653 -2675.

[108] Cooke F L，Wood G，Wang M，et al. How Far Has International HRM Travelled? A Systematic Review of Literature On Multinational Corporations (2000—2014) [J]. Human Resource Management Review，2019，29 (1)：59 -75.

[109] Crawford E R，Lepine J A，Rich B L. Linking job demands and resources to employee engagement and burnout：A theoretical extension and meta - analytic test [J]. Journal of Applied Psychology，2010，95 (5)：834 -848.

[110] Cui L，Jiang F. State ownership effect on firms' FDI ownership decisions under institutional pressure：A study of Chinese outward - investing firms [J]. Journal of international business studies，2012，43 (3)：264 -284.

[111] Cummings L L，Schwab D P. Performance in organizations：Deter-

minants & appraisal [M]. Good Year Books, 1973.

[112] Dabic M, González - Loureiro, Miguel, Harvey M. Evolving research on expatriates: what is "known" after four decades (1970 - 2012) [J]. The International Journal of Human Resource Management, 2015, 26 (3): 316 - 337.

[113] De Cooman R, Vantilborgh T, Bal M, et al. Creating inclusive teams through perceptions of supplementary and complementary person - team fit: examining the relationship between person - team fit and team effectiveness [J]. Group & Organization Management, 2016, 41 (3): 310 - 342.

[114] De Jong G, van Dut V, Jindra B, et al. Does country context distance determine subsidiary decision - making autonomy? Theory and evidence from European transition economies [J]. International Business Review, 2015, 24 (5): 874 - 889.

[115] Deci E L, Ryan R M. Self - determination and intrinsic motivation in human behavior [M]. 1985, 1985.

[116] Deephouse D L. To be different, or to be the same? It's a question (and theory) of strategic balance [J]. Strategic management journal, 1999, 20 (2): 147 - 166.

[117] Deephouse, David L. How Do Reputations Affect Corporate Performance? The Effect of Financial and Media Reputations on Performance [J]. Corporate Reputation Review, 1997, 1 (1): 68 - 72.

[118] Delery J E. Issues of fit in strategic human resource management: Implications for research [J]. Human resource management review, 1998, 8 (3): 289 - 309.

[119] Demortier A L P, Delobbe N, El Akremi A. Opening the black box of hr practices - performance relationship: Testing a three pathways AMO model [J]. Academy of Management, 2014 (1): 14 - 932.

[120] Dimaggio P J, Powell W W. The Iron Cage Revisited: Institutional Isomorphism and Collective Rationality in Organizational Fields [J]. American

Sociological Review, 1983, 48 (2): 147 -160.

[121] Downes P E, Kristof - Brown A L, Judge T A, et al. Motivational mechanisms of self - concordance theory: Goal - specific efficacy and person - organization fit [J]. Journal of Business and Psychology, 2017, 32 (2): 197 -215.

[122] Du - Babcock B, Babcock R D. Patterns of expatriate - local personnel communication in multinational corporations [J]. The Journal of Business Communication (1973), 1996, 33 (2): 141 -164.

[123] Duchek S, Raetze S, Scheuch I. The role of diversity in organizational resilience: a theoretical framework [J]. Business Research, 2019.

[124] Dyllick T, Hockerts K. Beyond the business case for corporate sustainability [J]. Business strategy and the environment, 2002, 11 (2): 130 -141.

[125] Edwards J R, Cooper C L. The person - environment fit approach to stress: recurring problems and some suggested solutions [J]. Journal of organizational behavior, 1990, 11 (4): 293 -307.

[126] Edwards J R, Rothbard N P. Mechanisms linking work and family: Clarifying the relationship between work and family constructs [J]. Academy of management review, 2000, 25 (1): 178 -199.

[127] Edwards R, Ahmad A, Moss S. Subsidiary autonomy: The case of multinational subsidiaries in Malaysia [J]. Journal of International Business Studies, 2002, 33 (1): 183 -191.

[128] Edwards J. A. , Billsberry, J. Testing a Multidimensional Theory of Person - Environment Fit [J]. Journal of Managerial Issues, 2010, 22 (4): 476 -493.

[129] Erol M, Ozturk Y, Avgin I, et al. Production, characterization and magnetic properties of Bismuth - substituted Yttrium Iron Garnet layers prepared by sol - gel process [J]. Journal of Physics: Conference Series, 2009, 153 (1): 12 -49.

[130] Fan D, Cui L, Li Y, et al. Localized learning by emerging multinational enterprises in developed host countries: A fuzzy - set analysis of Chinese foreign direct investment in Australia [J]. International Business Review, 2016, 25 (1): 187 - 203.

[131] Fan D, Zhang M M, Zhu C J. International human resource management strategies of Chinese multinationals operating abroad [J]. Asia Pacific Business Review, 2013, 19 (4): 526 - 541.

[132] Fang Y, Jiang G L F, Makino S, et al. Multinational firm knowledge, use of expatriates, and foreign subsidiary performance [J]. Journal of Management Studies, 2010, 47 (1): 27 - 54.

[133] Faulconbridge J R. Global architects: learning and innovation through communities and constellations of practice [J]. Environment and Planning A, 2010, 42 (12): 2842 - 2858.

[134] Fee A, Mcgrath - Champ S, Berti M. Protecting expatriates in hostile environments: institutional forces influencing the safety and security practices of internationally active organisations [J]. International Journal of Human Resource Management, 2017: 1 - 28.

[135] Fenwick T, Bierema L. Corporate social responsibility: issues for human resource development professionals [J]. International Journal of training and Development, 2008, 12 (1): 24 - 35.

[136] Ferner A, Colling A T. Institutional Theory and the Cross - National Transfer of Employment Policy: The Case of "Workforce Diversity" in US Multinationals [J]. Journal of International Business Studies, 2005, 36 (3): 304 - 321.

[137] Firth B M, Chen G, Kirkman B L, et al. Newcomers abroad: Expatriate adaptation during early phases of international assignments [J]. Academy of Management Journal, 2014, 57 (1): 280 - 300.

[138] Fiss P C. Building better causal theories: A fuzzy set approach to typologies in organization research [J]. Academy of Management Journal, 2011,

54 (2): 393 -420.

[139] Fornell C, Larcker D F. Structural equation models with unobservable variables and measurement error [J]. Algebra and Statistics, 1981.

[140] Froese F J, Peltokorpi V. Organizational expatriates and self - initiated expatriates: differences in cross - cultural adjustment and job satisfaction [J]. International Journal of Human Resource Management, 2013, 24 (10): 1953 -1967.

[141] Froese F J, Peltokorpi V, Ko K A. The Influence of Intercultural Communication On Cross - Cultural Adjustment and Work Attitudes: Foreign Workers in South Korea [J]. International Journal of Intercultural Relations, 2012, 36 (3): 331 -342.

[142] Froese F J. Motivation and adjustment of self - initiated expatriates: The case of expatriate academics in South Korea [J]. The International Journal of Human Resource Management, 2012, 23 (6): 1095 -1112.

[143] Frooman J. Stakeholder influence strategies [J]. Academy of management review, 1999, 24 (2): 191 -205.

[144] Gao L, Liu X, Zou H. The role of human mobility in promoting Chinese outward FDI [J]. International Business Review, 2013, 22 (2): 437 -449.

[145] Garcia - Castro R, Ariño M A, Canela M A. Does social performance really lead to financial performance? Accounting for endogeneity [J]. Journal of Business Ethics, 2010, 92 (1): 107 -126.

[146] Gardner T M, Wright P M, Moynihan L M. The impact of motivation, empowerment, and skill - enhancing practices on aggregate voluntary turnover: The mediating effect of collective affective commitment [J]. Personnel psychology, 2011, 64 (2): 315 -350.

[147] George J M, King E B, Margaret A. Neale and Cameron P. Anderson Elizabeth A. Mannix. Chapter 5 Potential Pitfalls of Affect Convergence in Teams: Functions and Dysfunctions of Group Affective Tone, Research on Man-

aging Groups and Teams [M]. Emerald Group Publishing Limited, 2007.

[148] Grandey A A, Cropanzano R. The conservation of resources model applied to work - family conflict and strain [J]. Journal of vocational behavior, 1999, 54 (2): 350 - 370.

[149] Gregersen H B, Black J S. Antecedents to commitment to a parent company and a foreign operation [J]. Academy of Management journal, 1992, 35 (1): 65 - 90.

[150] Guan Y, Deng H, Risavy S D, et al. Supplementary fit, complementary fit, and work - related outcomes: The role of self - construal [J]. Applied Psychology, 2011, 60 (2): 286 - 310.

[151] Halbesleben J R B, Neveu J P, Paustian - Underdahl S C, et al. Getting to the "COR" understanding the role of resources in conservation of resources theory [J]. Journal of Management, 2014, 40 (5): 1334 - 1364.

[152] Halevi M Y, Carmeli A, Brueller N N. Ambidexterity in SBUs: TMT behavioral integration and environmental dynamism [J]. Human Resource Management, 2015, 54 (S1): S223 - S238.

[153] Harms P D, Roberts B W, Winter D. Becoming the Harvard man: Person - environment fit, personality development and academic success [J]. Personality and Social Psychology Bulletin, 2006, 32 (7): 851 - 865.

[154] Harrison D A. Pitching fits in applied psychological research: making fit methods fit theory [M]. Perspectives On organizational Fit, 2007: 389 - 416.

[155] Harrison, R. V. The person - environment fit model and the study of job stress. human stress & cognition in organization an integrated perspective, 1985.

[156] Hart O. Firms, contracts and financial structure [M]. Oxford: Clarendon press, 1995.

[157] Haslberger A, Brewster C, Hippler T. The Dimensions of Expatriate Adjustment [J]. Human Resource Management, 2013, 52 (3): 333 - 351.

[158] Hassan A, Hashim J. Role of organizational justice in determining work outcomes of national and expatriate academic staff in Malaysia [J]. International Journal of Commerce and Management, 2011.

[159] Hayes A F, Preacher K J. Quantifying and testing indirect effects in simple mediation models when the constituent paths are nonlinear [J]. Multivariate behavioral research, 2010, 45 (4): 627 – 660.

[160] Heffernan M, Dundon T. Cross – level effects of high – performance work systems (HPWS) and employee well – being: the mediating effect of organisational justice [J]. Human resource management journal, 2016, 26 (2): 211 – 231.

[161] Hobfoll S E, Lilly R S. Resource conservation as a strategy for community psychology [J]. Journal of community psychology, 1993, 21 (2): 128 – 148.

[162] Hobfoll S E, Freedy J. Conservation of resources: A general stress theory applied to burnout [M]. New York: Routledge, 2017.

[163] Hobfoll S E. Conservation of resources theory: Its implication for stress, health, and resilience [J]. The Oxford handbook of stress, health, and coping, 2011, 127: 147.

[164] Hobfoll S E. Conservation of resources: A new attempt at conceptualizing stress [J]. American psychologist, 1989, 44 (3): 513.

[165] Hobfoll S E. The influence of culture, community, and the nested – self in the stress process: advancing conservation of resources theory [J]. Applied psychology, 2001, 50 (3): 337 – 421.

[166] Hong G, Kim E. How to Attract Talented Expatriates: The Key Role of Sustainable HRM. Sustainability [J]. 2019, 11 (19): 5373.

[167] Horak S, Yang I. Affective networks, informal ties, and the limits of expatriate effectiveness [J]. International Business Review, 2016, 25 (5): 1030 – 1042.

[168] Howe – Walsh L, Schyns B. Self – initiated expatriation: implica-

tions for HRM [J]. The International Journal of Human Resource Management, 2010, 21 (2): 260 -273.

[169] Hsu I C, Yeh - Yun Lin C, Lawler J J, et al. Toward a model of organizational human capital development: Preliminary evidence from Taiwan [J]. Asia Pacific Business Review, 2007, 13 (2): 251 -275.

[170] Huang Y, Fan D, Su Y, et al. High - performance work systems, dual stressors and "new generation" employee in China [J]. Asia Pacific Business Review, 2018, 24 (4): 490 -509.

[171] Huselid M A. The impact of human resource management practices on turnover, productivity, and corporate financial performance [J]. Academy of management journal, 1995, 38 (3): 635 -672.

[172] Hussain, T., and Deery. S. Why Do Self - Initiated Expatriates Quit their Jobs: The Role of Job Embeddedness and Shocks in Explaining Turnover Intentions [J]. International Business Review, 2018, 27 (1): 281 -288.

[173] Irving P G, Cooper C. L.. Further Asses ments of a Three - Component Model of Occupational Commitment G, eneralizability and Differences Across Occupations [J]. Journal of Applied Psychology, 1997, 82: 444 -452.

[174] Ito J K, Brotheridge C M. Resources, coping strategies, and emotional exhaustion: A conservation of resources perspective [J]. Journal of Vocational Behavior, 2003, 63 (3): 490 -509.

[175] Javidan M, Walker J L. A whole new global mindset for leadership [J]. People Strategy, 2012, 35 (2): 36 -41.

[176] Jens, Rowold, Lars et al., Which Leadership Constructs Are Important for Predicting Job Satisfaction, Affective Commitment, and Perceived Job Performance in Profit versus Nonprofit Organizations? [J]. Nonprofit Management & Leadership, 2014.

[177] Jiang K, Lepak D P, Hu J, et al. How Does Human Resource Management Influence Organizational Outcomes? A Meta - analytic Investigation of Mediating Mechanisms [J]. Academy of Management Journal, 2012, 55

(6)：1264 -1294.

[178] Johanson J, Vahlne J E. The Uppsala internationalization process model revisited: From liability of foreignness to liability of outsidership [J]. Journal of international business studies, 2009, 40 (9): 1411 -1431.

[179] Johnson J P, Lenartowicz T, Apud S. Cross - cultural competence in international business: Toward a definition and a model [J]. Journal of international business studies, 2006, 37 (4): 525 -543.

[180] Johnston S, Menguc B. Subsidiary size and the level of subsidiary autonomy in multinational corporations: a quadratic model investigation of Australian subsidiaries [J]. Journal of International Business Studies, 2007, 38 (5): 787 -801.

[181] Jungert T, Van den Broeck A, Schreurs B, et al. How colleagues can support each other's needs and motivation: An intervention on employee work motivation [J]. Applied Psychology, 2018, 67 (1): 3 -29.

[182] Kanfer R. Motivation theory and industrial and organizational psychology [J]. Handbook of industrial and organizational psychology, 1990, 1 (2): 75 -130.

[183] Kanfer, Ruth, Gilad Chen, and Robert D. Pritchard, eds. Work motivation: Past, present and future [M]. New York: Routledge, 2008.

[184] Katou A A, Budhwar P S. Causal relationship between HRM policies and organisational performance: Evidence from the Greek manufacturing sector [J]. European management journal, 2010, 28 (1): 25 -39.

[185] Kayes A B, Kayes D C, Yamazaki Y. Transferring Knowledge across Cultures: A Learning Competencies Approach [J]. Performance Improvement Quarterly, 2005, 18 (4): 87 -100.

[186] Kim T Y, Kim M. Leaders' moral competence and employee outcomes: The effects of psychological empowerment and person - supervisor fit [J]. Journal of Business Ethics, 2013, 112 (1): 155 -166.

[187] Kobrin S J. Expatriate reduction and strategic control in American

multinational corporations [J]. Human resource management, 1988, 27 (1): 63 - 75.

[188] Kohonen T. Essentials of the self - organizing map [J]. Neural networks, 2013, 37: 52 - 65.

[189] Kolk, A. The social responsibility of international business: From ethics andthe environment to CSR and sustainable development [J]. Journal of World Business, 2016, 51 (1), 23 - 34.

[190] Kostova T, Marano V, Tallman S. Headquarters - subsidiary relationships in MNCs: Fifty years of evolving research [J]. Journal of World Business, 2016, 51 (1): 176 - 184.

[191] Kraimer M L, Wayne S J, Jaworski R A A. Sources of support and expatriate performance: The mediating role of expatriate adjustment [J]. Personnel Psychology, 2001, 54 (1): 71 - 99.

[192] Kristof A L. Person - organization fit: An integrative review of its conceptualizations, measurement, and implications [J]. Personnel psychology, 1996, 49 (1): 1 - 49.

[193] Kuvaas B. Work Performance, Affective Commitment, and Work Motivation: The Roles of Pay Administration and Pay Level [J]. Journal of Organizational Behavior, 2006, 27 (3): 365 - 385.

[194] Kuvaas B, Dysvik A. Exploring alternative relationships between perceived investment in employee development, perceived supervisor support and employee outcomes [J]. Human Resource Management Journal, 2010, 20 (2): 138 - 156.

[195] Kuvaas B, Dysvik A. Perceived investment in employee development, intrinsic motivation and work performance [J]. Human resource management journal, 2009, 19 (3): 217 - 236.

[196] Kuvaas B. An exploration of how the employee - organization relationship affects the linkage between perception of developmental human resource practices and employee outcomes [J]. Journal of Management Studies, 2008,

45 (1): 1 –25.

[197] Kuvaas B. Performance appraisal satisfaction and employee outcomes: mediating and moderating roles of work motivation [J]. The International Journal of Human Resource Management, 2006, 17 (3): 504 –522.

[198] Lauring J, Selmer J. Person – environment fit and emotional control: Assigned expatriates vs. self – initiated expatriates [J]. International Business Review, 2018, 27 (5): 982 –992.

[199] Law K S, Song L J, Wong C, et al. The antecedents and consequences of successful localization [J]. Journal of International Business Studies, 2009, 40 (8): 1359 –1373.

[200] Lee D J, Grace B Y, Sirgy M J, et al. The effects of explicit and implicit ethics institutionalization on employee life satisfaction and happiness: The mediating effects of employee experiences in work life and moderating effects of work – family life conflict [J]. Journal of Business Ethics, 2018, 147 (4): 855 –874.

[201] Lee J, Peccei R. Perceived organizational support and affective commitment: the mediating role of organization – based self – esteem in the context of job insecurity [J]. Journal of organizational behavior, 2007, 28 (6): 661 –685.

[202] Leiba O'Sullivan S. Trainability constraints in expatriate management [J]. Journal of international business studies, 1999: 709 –726.

[203] Lengnick – Hall C A, Beck T E. Adaptive Fit Versus Robust Transformation: How Organizations Respond to Environmental Change [J]. Journal of Management, 2005, 31 (5): 738 –757.

[204] Lepak D P, Liao H, Chung Y, et al. A conceptual review of human resource management systems in strategic human resource management research [J]. Research in personnel and human resources management, 2006, 25 (1): 217 –271.

[205] Leslie J B, Dalton M A, Ernst C, et al. Managerial effectiveness

in a global context [J]. Center for Creative Leadership, 2002.

[206] Levy O, Beechler S, Taylor S, et al. What we talk about when we talk about "global mindset": Managerial cognition in multinational corporations [J]. Journal of International Business Studies, 2007, 38 (2): 231 –258.

[207] Li N., Jackson M. H. Global relocation: an examination of the corporate influence on expatriate adjustment: Global relocation: an examination of the corporate influence on expatriate adjustment [J]. Asia Pacific Journal of Human Resources, 2015, 53 (4): 471 –489.

[208] Lii S, Wong S. The Antecedents of Overseas Adjustment and Commitment of Expatriates [J]. The International Journal of Human Resource Management, 2008, 19 (2): 296 –313.

[209] Lipsey R E, Ramstetter E, Blomström M. Outward FDI and parent exports and employment: Japan, the United States, and Sweden [J]. Global Economy Quarterly, 2000, 1 (4): 285 –302.

[210] Liu X, Shaffer M A. An investigation of expatriate adjustment and performance: A social capital perspective [J]. International Journal of Cross Cultural Management, 2005, 5 (3): 235 –254.

[211] Liu Y, Ipe M. The Impact of Organizational and Leader – Member Support On Expatriate Commitment [J]. The International Journal of Human Resource Management, 2010, 21 (7): 1035 –1048.

[212] Liu Y. Perceived organizational support and expatriate organizational citizenship behavior [J]. Personnel Review, 2009.

[213] López M V, Garcia A, Rodriguez L. Sustainable development and corporate performance: A study based on the Dow Jones sustainability index [J]. Journal of Business Ethics, 2007, 75 (3): 285 –300.

[214] Luna – Arocas, Roberto, Camps, Joaquín. A model of high performance work practices and turnover intentions [J]. Personnel Review, 2007, 37 (1): 26 –46.

[215] Luo Y, Tung R L. International expansion of emerging market enter-

prises: A springboard perspective [J]. Journal of International Business Studies, 2007, 38 (4): 481 - 498.

[216] Luo Y, Rui H. An ambidexterity perspective toward multinational enterprises from emerging economies [J]. Academy of Management Perspectives, 2009, 23 (4): 49 - 70.

[217] Luo Y. Market - seeking MNEs in an emerging market: How parent - subsidiary links shape overseas success [J]. Journal of International Business Studies, 2003, 34 (3): 290 - 309.

[218] Luo Y. Toward coopetition within a multinational enterprise: a perspective from foreign subsidiaries [J]. Journal of World Business, 2005, 40 (1): 71 - 90.

[219] MacDffie J P, Argote L, McEvily B, Reagans R. Managing knowledge in organizations: An integrative framework and review of emerging themes [J]. Management science, 2003, 49 (4): 571 - 582.

[220] MacDuffie J P, Pfeffer J. Competitive Advantage Through People: Unleashing the Power of the Work Force [J]. Management science, 1995, 40 (3): 524 - 527.

[221] MacDuffie J P. Human resource bundles and manufacturing performance: Organizational logic and flexible production systems in the world auto industry [J]. Ilr Review, 1995, 48 (2): 197 - 221.

[222] MacKenzie S B, Podsakoff P M, Fetter R. The impact of organizational citizenship behavior on evaluations of salesperson performance [J]. Journal of marketing, 1993, 57 (1): 70 - 80.

[223] Maertz C P, Hassan A, Magnusson P. When learning is not enough: A process model of expatriate adjustment as cultural cognitive dissonance reduction. Organizational Behavior & Human Decision Processes [J]. Journal of marketing, 2009, 108 (1): 66 - 78.

[224] Maertz C P, Takeuchi R, Chen J. An episodic framework of outgroup interaction processing: Integration and redirection for the expatriate adjust-

ment research [J]. Psychological Bulletin, 2016, 142 (6): 623 -654.

[225] Mayer R C, Davis J H, Schoorman F D. An integrative model of organizational trust [J]. Academy of management review, 1995, 20 (3): 709 -734.

[226] Mcgee G W, Ford R C. Two (or more?) dimensions of organizational commitment: Reexamination of the affective and continuance commitment scales [J]. Journal of Applied Psychology, 1987, 72 (4): 638 -641.

[227] Mehmet, Demirbag, Ekrem, et al. Factors Affecting Perceptions of the Choice between Acquisition and Greenfield Entry: The Case of Western FDI in an Emerging Market [J]. Management International Review, 2008.

[228] Mendenhall M E, Dunbar E, Oddou G R. Expatriate selection, training and career - pathing: a review and critique [J]. Human Resource Management, 1987, 26 (3): 331 -345.

[229] Mendenhall, M., & Oddou, G. The Dimensions of Expatriate Acculturation: A Review [J]. The Academy of Management Review, 1985: 10 (1): 39.

[230] Meyer J P, Parfyonova N M. Normative commitment in the workplace: A theoretical analysis and re - conceptualization [J]. Human Resource Management Review, 2010, 20 (4): 283 -294.

[231] Meyer J P, Stanley D J, Herscovitch L, et al. Affective, Continuance, and Normative Commitment to the Organization: A Meta - analysis of Antecedents, Correlates, and Consequences [J]. Journal of Vocational Behavior, 2002, 61 (1): 20 -52.

[232] Meyer J P, Allen N J. Commitment to Organizat ions and Occupations: Extension and Test of a Three - Component Conceptualization [J]. Journal of Applied Psychology, 1993, 78: 538 -551.

[233] Meyer J P, Paunonen S V, Gellatly I R, et al. Organizational commitment and job performance: It's the nature of the commitment that counts [J]. Journal of applied Psychology, 1989, 74 (1): 152.

[234] Meyer J W, Rowan B. Institutionalized Organizations: Formal Structures as Myth and Ceremony [J]. American Journal of Sociology, 1977, 83 (2): 340 - 363.

[235] Meyer S P, Allen N J. Testing the "side - bet theory" of Organizational Commitment: Some Methodological Considerations [J]. Journal of Applied Psychology, 1984, 69: 372 - 378.

[236] Milliman J, Gatling A, Bradley - Geist J C. The implications of workplace spirituality for person - environment fit theory [J]. Psychology of Religion and Spirituality, 2017, 9 (1): 1.

[237] Misangyi V F. Institutional complexity and the meaning of loose coupling: Connecting institutional sayings and (not) doings [J]. Strategic Organization, 2016, 14 (4): 407 - 440.

[238] Mitchell R K, Agle B R, Wood D J. Toward a theory of stakeholder identification and salience: Defining the principle of who and what really counts [J]. Academy of management review, 1997, 22 (4): 853 - 886.

[239] Moghaddam F M, Taylor D M, Wright S C. Social Psychology in Cross - Cultural Perspective [J]. Contemporary Sociology, 1993, 22 (5).

[240] Mohamad M, Jais J. Emotional Intelligence and Job Performance: A Study among Malaysian Teachers [J]. Procedia Economics and Finance, 2016, 35: 674 - 682.

[241] Moizer J, Tracey P. Strategy Making in Social Enterprise: The Role of Resource Allocation and its Effects On Organizational Sustainability [J]. Systems Research and Behavioral Science, 2010, 27 (3): 252 - 266.

[242] Mowday R T, Steers R M, Porter L W. The Measurement of Organizational Commitment [J]. Journal of Vocational Behavior, 1979, 14: 224 - 247.

[243] Muchinsky P M, Monahan C J. What is Person - Environment Congruence? Supplementary Versus Complementary Models of Fit [J]. Journal of Vocational Behavior, 1987, 31 (3): 268 - 277.

[244] Muller A, Kolk A. Extrinsic and intrinsic drivers of corporate social

performance: Evidence from foreign and domestic firms in Mexico [J]. Journal of Management studies, 2010, 47 (1): 1-26.

[245] Muñoz E, Capón-García E, Laínez J M, et al. Considering Environmental Assessment in an Ontological Framework for Enterprise Sustainability [J]. Journal of Cleaner Production, 2013, 47: 149-164.

[246] Murillo D, Lozano J M. SMEs and CSR: An approach to CSR in their own words [J]. Journal of business ethics, 2006, 67 (3): 227-240.

[247] Naumann E. Antecedents and consequences of satisfaction and commitment among expatriate managers [J]. Group & Organization Management, 1993, 18 (2): 153-187.

[248] Naumann, Earl. A Conceptual Model of Expatriate Turnover [J]. Journal of International Business Studies, 1992, 23 (3): 499-531.

[249] Nolan E M, Morley M J. A test of the relationship between person-environment fit and cross-cultural adjustment among self-initiated expatriates [J]. The International Journal of Human Resource Management, 2014, 25 (11): 1631-1649.

[250] O'Reilly C F, Chatmen J. Organizational Commitment and Psychological Attachment: The Effects of Compliance, Identification and Internalization on Prosocial Behavior [J]. Journal of Applied Psychology, 1986, 71: 492-499.

[251] O'Donnell S W. Managing foreign subsidiaries: agents of headquarters, or an interdependent network? [J]. Strategic management journal, 2000, 21 (5): 525-548.

[252] Obeidat S M, Mitchell R, Bray M. The link between high performance work practices and organizational performance: empirically validating the conceptualization of HPWP according to the AMO model [J]. Employee Relations, 2016, 38 (4): 578-595.

[253] Oh I S, Guay R P, Kim K, et al. Fit happens globally: A meta-analytic comparison of the relationships of person-environment fit dimensions with work attitudes and performance across East Asia, Europe, and North Amer-

ica [J]. Personnel Psychology, 2014, 67 (1): 99 – 152.

[254] Okpara, J. O., Kabongo, J. D. Cross – cultural training and expatriate adjustment: A study of western expatriates in Nigeria [J]. Journal of World Business, 2011, 46 (1): 22 – 30.

[255] Organ D W. Organizational citizenship behavior: The good soldier syndrome [M]. Lexington Books, DC Heath and Com, 1988.

[256] Paauwe J, Boselie P. Challenging "strategic HRM" and the relevance of the institutional setting [J]. Human Resource Management Journal, 2003, 13 (3): 56 – 70.

[257] Paik Y, Sohn J D. Expatriate managers and MNC's ability to control international subsidiaries: the case of Japanese MNCs [J]. Journal of World Business, 2004, 39 (1): 61 – 71.

[258] Parsons F. Choosing a vocation [M]. Boston: Houghton Mifflin, 1909.

[259] Peltokorpi V. Cross – cultural adjustment of expatriates in Japan [J]. The International Journal of Human Resource Management, 2008, 19 (9): 1588 – 1606.

[260] Peltokorpi V. Intercultural communication in foreign subsidiaries: The influence of expatriates' language and cultural competencies [J]. Scandinavian Journal of Management, 2010, 26 (2): 176 – 188.

[261] Peltokorpi V. Intercultural communication patterns and tactics: Nordic expatriates in Japan [J]. International Business Review, 2007, 16 (1): 68 – 82.

[262] Peng G Z, Beamish P W. MNC subsidiary size and expatriate control: Resource – dependence and learning perspectives [J]. Journal of World Business, 2014, 49 (1): 51 – 62.

[263] Peng G Z, Beamish P W. Subnational FDI Legitimacy and Foreign Subsidiary Survival [J]. Journal of International Management, 2019.

[264] Pil F K, MacDuffie J P. The adoption of high – involvement work practices [J]. Industrial Relations: A journal of economy and society, 1996,

35 (3): 423 -455.

[265] Pinquart M, Sörensen S. Influences of socioeconomic status, social network, and competence on subjective well - being in later life: a meta - analysis [J]. Psychology and aging, 2000, 15 (2): 187.

[266] Pinto L H, Araújo R C. Social networks of Portuguese self - initiated expatriates [J]. Journal of Management Development, 2016.

[267] Podsakoff P M, Mackenzie S B, Fetter R. Substitutes for leadership and the management of professionals [J]. Leadership Quarterly, 1993, 4 (1): 1 -44.

[268] Porter M E, Kramer M R. The link between competitive advantage and corporate social responsibility [J]. Harvard business review, 2006, 84 (12): 78 -92.

[269] Porter M E, Millar V E. How information gives you competitive advantage [J]. Harvard Business Review, 1985.

[270] Powell W W, Dimaggio P J. The New Institutionalism in Organizational Analysis [M]. Chicago: University of Chicago Press, 1991, 87 (2): 501.

[271] Pu M, Soh P H. The role of dual embeddedness and organizational learning in subsidiary development [J]. Asia Pacific Journal of Management, 2018, 35 (2): 373 -397.

[272] Puck J F, Holtbrügge D, Mohr A T. Beyond entry mode choice: Explaining the conversion of joint ventures into wholly owned subsidiaries in the People's Republic of China [J]. Journal of International Business Studies, 2009, 40 (3): 388 -404.

[273] Qiu H. Communication among knowledge diasporas: online magazines of expatriate Chinese students [M]. New York: Routledge, 2003: 160 -173.

[274] Ramsey J R. The role of other orientation on the relationship between institutional distance and expatriate adjustment [J]. Journal of International Management, 2005, 11 (3): 377 -396.

[275] Rauvola R S, Rudolph C W, Ebbert L K, et al. Person – Environment Fit and Work Satisfaction: Exploring the Conditional Effects of Age [J]. Aging and Retirement, 2019.

[276] Redclift M. Sustainable development: Exploring the contradictions [M]. New York: Routledge, 2002.

[277] Rehman W, Ahmad M. AMO framework and psychological empowerment: conceptual model decoding the black box between HRM and innovative work behavior. 2015, 10 (1): 86.

[278] Reichers A E. A Review and Reconceptualization of Organizational Commitment [J]. Academy of Management Review 1985, (10): 465 – 476.

[279] Ribeiro N, Duarte, Ana Patrícia, Filipe R, et al. How Authentic Leadership Promotes Individual Creativity: The Mediating Role of Affective Commitment [J]. Journal of Leadership & Organizational Studies, 2019.

[280] Rich B L, Lepine J A, Crawford E R. Job engagement: Antecedents and effects on job performance [J]. Academy of management journal, 2010, 53 (3): 617 – 635.

[281] Riusala K, Suutari V. International knowledge transfers through expatriates [J]. Thunderbird International Business Review, 2004, 46 (6): 743 – 770.

[282] Rosenzweig P M, Nohria N. Influences on Human Resource Management Practices in Multinational Corporations [J]. Journal of International Business Studies, 1994, 25 (2): 229 – 251.

[283] Rothbard N P, Dumas T L. Research perspectives: managing the work – home interface [J]. Work – life balance: A psychological perspective, 2006: 71 – 89.

[284] Rui H, Zhang M, Shipman A. Chinese Expatriate Management in Emerging Markets: A Competitive Advantage Perspective [J]. Journal of International Management, 2017, 23 (2): 124 – 138.

[285] Russo M A T. Tratamento de resíduos sólidos. Coimbra: Departa-

mento de Engenharia Civil, Faculdade de Ciências e Tecnologia [M]. Universidade de Coimbra, 2003.

[286] Salgado J F, Viswesvaran C, Ones D S. Predictors used for personnel selection: An overview of constructs, methods and techniques: Personnel psychology [J]. International journal of selection & assessment, 2001, 12 (4): 375-377.

[287] Schaufeli W B, Bakker A B. Job Demands, Job Resources, and their Relationship with Burnout and Engagement: A Multi-Sample Study [J]. Journal of Organizational Behavior, 2004, 25 (3): 293-315.

[288] Schneider B, Smith D B, Taylor S, et al. Personality and organizations: A test of the homogeneity of personality hypothesis [J]. Journal of Applied Psychology, 1998, 83 (3): 462.

[289] Scott, W. R. (Institutionas and Organizations. Newbury Park, CA: Sage. 1995.

[290] Scott. Complementary therapies. Body and soul. Nursing Standard, 1995, 9 (37): 22-23.

[291] Selmer J, Lauring J, Feng Y. Age and expatriate job performance in Greater China [J]. Cross Cultural Management: An International Journal, 2009, 16 (2): 131-148.

[292] Selmer J, Lauring J. Host country language ability and expatriate adjustment: The moderating effect of language difficulty [J]. The International Journal of Human Resource Management, 2015, 26 (3): 401-420.

[293] Selmer, J., Lauring, J. Reasons to expatriate and work outcomes of self-initiated expatriates [J]. Personnel Review, 2012, 41 (5), 665-684.

[294] Seong J Y, Kristof-Brown A L. Testing multidimensional models of person-group fit [J]. Journal of Managerial Psychology, 2012.

[295] Shaffer M, Singh B, Chen Y. Expatriate pay satisfaction: the role of organizational inequities, assignment stressors and perceived assignment value [J]. The International Journal of Human Resource Management, 2013, 24

(15)：2968 - 2984.

[296] Sharma S, Henriques I. Stakeholder influences on sustainability practices in the Canadian forest products industry [J]. Strategic management journal, 2005, 26 (2)：159 - 180.

[297] Sharma S, Ruud A. On the path to sustainability：integrating social dimensions into the research and practice of environmental management [J]. Business Strategy and the Environment, 2003, 12 (4)：205 - 214.

[298] Shenkar X O. Institutional Distance and the Multinational Enterprise [J]. The Academy of Management Review, 2002, 27 (4)：608 - 618.

[299] Shin J, Taylor M S, Seo M G. Resources for change：The relationships of organizational inducements and psychological resilience to employees' attitudes and behaviors toward organizational change [J]. Academy of Management journal, 2012, 55 (3)：727 - 748.

[300] Shore L M, Wayne S J. Commitment and Employee Behavior：Comparison of Affective Commitment and Continuance Commitment With Perceived Organizational Support [J]. Journal of Applied Psychology, 1993, 78 (5)：774 - 780.

[301] Siemsen E, Roth A V, Balasubramanian S. How motivation, opportunity, and ability drive knowledge sharing：The constraining - factor model [J]. Journal of Operations Management, 2013 (3)：426 - 445.

[302] Siemsen E, Roth A V, Balasubramanian S. How motivation, opportunity, and ability drive knowledge sharing：The constraining - factor model [J]. Journal of Operations Management, 2008, 26 (3)：426 - 445.

[303] Silbiger A, Pines A M. Expatriate Stress and Burnout [J]. The International Journal of Human Resource Management, 2013, 25 (8)：1170 - 1183.

[304] Sirgy M J, Lee D J. Work - life balance：An integrative review [J]. Applied Research in Quality of Life, 2018, 13 (1)：229 - 254.

[305] Slangen A H L, Hennart J F. Do multinationals really prefer to enter culturally distant countries through greenfields rather than through acquisitions?

The role of parent experience and subsidiary autonomy [J]. Journal of International Business Studies, 2008, 39 (3): 472 -490.

[306] Smith R E, Swinyard W R. Information Response Models: An Integrated Approach [J]. Journal of Marketing, 1982, 46 (1): 81 -93.

[307] Smith R E, Swinyard W R. Attitude - behavior consistency: The impact of product trial versus advertising [J]. Journal of marketing research, 1983, 20 (3): 257 -267.

[308] Souitaris V, Zerbinati S, Liu G. Which iron cage? Endo - and exoisomorphism in corporate venture capital programs [J]. Academy of Management Journal, 2012, 55 (2): 477 -505.

[309] Stahl G K, Caligiuri P. The effectiveness of expatriate coping strategies: The moderating role of cultural distance, position level, and time on the international assignment [J]. Journal of Applied Psychology, 2005, 90 (4): 603.

[310] Stoermer S, Haslberger A, Froese F J, et al. Person - environment fit and expatriate job satisfaction [J]. Thunderbird International Business Review, 2018, 60 (6): 851 -860.

[311] Su, Rong, Murdock, Chris, Rounds, James. Person - environment fit. . 2015.

[312] Subramony M. A meta - analytic investigation of the relationship between HRM bundles and firm performance [J]. Human resource management, 2009, 48 (5): 745 -768.

[313] Takeuchi R, Shay J P, Jiatao L. When does decision autonomy increase expatriate managers' adjustment? An empirical test [J]. Academy of Management Journal, 2008, 51 (1): 45 -60.

[314] Takeuchi R. A critical review of expatriate adjustment research through a multiple stakeholder view: Progress, emerging trends, and prospects [J]. Journal of Management, 2010, 36 (4): 1040 -1064.

[315] Takeuchi, R, Wang, M, & Marinova, S V, Antecedents and

consequences of psychological workplace strain during expatriation: a cross - sectional and longitudinal investigation [J]. Personnel Psychology, 2005, 58 (4): 925 -948.

[316] Tan D, Mahoney J T. Why a multinational firm chooses expatriates: Integrating resource - based, agency and transaction costs perspectives [J]. Journal of Management Studies, 2006, 43 (3): 457 -484.

[317] Taylor S, Beechler S, Napier N. Toward an integrative model of strategic international human resource management [J]. Academy of Management review, 1996, 21 (4): 959 -985.

[318] Taylor, S, Beechler S. Napier. Toward an integrative model of strategic international human resource management [J]. Academy of Management Review, 1996.

[319] Templer, Klaus J. Personal attributes of expatriate managers, subordinate ethnocentrism, and expatriate success: a host - country perspective [J]. International Journal of Human Resource Management, 2010, 21 (10): 1754 -1768.

[320] Tenzer H, Pudelko M, Harzing A W. The impact of language barriers on trust formation in multinational teams [J]. Journal of International Business Studies, 2014, 45 (5): 508 -535.

[321] Thite M, Wilkinson A, Shah D. Internationalization and HRM strategies across subsidiaries in multinational corporations from emerging economies—A conceptual framework [J]. Journal of World Business, 2012, 47 (2): 251 -258.

[322] Toh S M, DeNisi A S. A local perspective to expatriate success [J]. Academy of Management Perspectives, 2005, 19 (1): 132 -146.

[323] Toh, S. M., & Denisi, A. S. Host country nationals as socializing agents: A social identity approach [J]. Journal of Organizational Behavior, 2007, 28 (3): 281 -301.

[324] Tomassen S, Benito G R G, Lunnan R. Governance costs in foreign

direct investments: A MNC headquarters challenge [J]. Journal of International Management, 2012, 18 (3): 233 - 246.

[325] Torugsa N A, O'Donohue W, Hecker R. Proactive CSR: An empirical analysis of the role of its economic, social and environmental dimensions on the association between capabilities and performance [J]. Journal of Business Ethics, 2013, 115 (2): 383 - 402.

[326] Tuliao K V, Chen C W, Tsung - Yu W U. Employees' perceived institutional importance, organizational norms, and organizational citizenship behavior: Insights from a multilevel assessment of the institutional anomie theory [J]. Journal of Social Psychology, 2020 (3): 1 - 20.

[327] Van den Bosch R, Taris T W, Schaufeli W B, et al. Authenticity at work: a matter of fit? [J]. The Journal of psychology, 2019, 153 (2): 247 - 266.

[328] Van der Schoor T, Scholtens B. Power to the People: Local Community Initiatives and the Transition to Sustainable Energy [J]. Renewable and Sustainable Energy Reviews, 2015, 43: 666 - 675.

[329] Van der Zee K I, Ali A J, Salome E. Role interference and subjective well - being among expatriate families [J]. European Journal of Work and Organizational Psychology, 2005, 14 (3): 239 - 262.

[330] Van Vianen A E M, De Pater I E, Kristof - Brown A L, et al. Fitting in: Surface - and deep - level cultural differences and expatriates' adjustment [J]. Academy of Management Journal, 2004, 47 (5): 697 - 709.

[331] Van Vianen A E M. Person - environment fit: A review of its basic tenets [J]. Annual Review of Organizational Psychology and Organizational Behavior, 2018, 5: 75 - 101.

[332] Vlajčić D, Caputo A, Marzi G, et al. Expatriates Managers' Cultural Intelligence as Promoter of Knowledge Transfer in Multinational Companies [J]. Journal of Business Research, 2019, 94: 367 - 377.

[333] Vogel, Ryan M. Daniel C. Feldman. Integrating the levels of person -

environment fit: The roles of vocational fit and group fit [J]. Journal of vocational behavior, 2009, 75 (1): 68 - 81.

[334] Voronov M, Weber K. The Heart of Institutional Actor - hood [J]. The Academy of Management Review, 2016, 41 (3): 456 - 478.

[335] Vroom V H. Work and motivation. 1964.

[336] Wang D, Feng T, Freeman S, et al. Unpacking the "skill - cross - cultural competence" mechanisms: Empirical evidence from Chinese expatriate managers [J]. International Business Review, 2014, 23 (3): 530 - 541.

[337] Wang D, Freeman S, Zhu C J. Personality traits and cross - cultural competence of Chinese expatriate managers: A socio - analytic and institutional perspective [J]. The International Journal of Human Resource Management, 2013, 24 (20): 3812 - 3830.

[338] Wang S, Tong T W, Chen G, et al. Expatriate utilization and foreign direct investment performance: The mediating role of knowledge transfer [J]. Journal of Management, 2009, 35 (5): 1181 - 1206.

[339] Wang X, Kanungo R N. Nationality, social network and psychological well - being: Expatriates in China [J]. The International Journal of Human Resource Management, 2004, 15 (4 - 5): 775 - 793.

[340] Warr P, Inceoglu I. Job engagement, job satisfaction, and contrasting associations with person - job fit [J]. Journal of occupational health psychology, 2012, 17 (2): 129.

[341] Westman M, Hobfoll S E, Chen S, et al. Organizational Stress Through The Lens of Conservation of Resources (COR) Theory [J]. Research in Occupational Stress and Well Bng, 2004, 4: 167 - 220.

[342] Whitener E M, Walz P M. Exchange Theory Determinants of Affective and Continuance Commitment and Turnover [J]. Journal of Vocational Behavior, 1993, 42 (3): 265 - 281.

[343] Wilkinson A, Wood G, Demirbag M. Guest editors' introduction: People management and emerging market multinationals [J]. Human Resource

Management, 2014, 53 (6): 835 - 849.

[344] Wood D J. Measuring corporate social performance: A review [J]. International journal of management reviews, 2010, 12 (1): 50 - 84.

[345] Woodward J. Project Management for Business and Engineering [J]. Principles and Practice, 2004.

[346] Wright P M, Gardner T M, Moynihan L M, et al. Measurement error in research on human resources and firm performance: Additional data and suggestions for future research [J]. Personnel psychology, 2001, 54 (4): 875 - 901.

[347] Wright P M, McMahan G C, McWilliams A. Human resources and sustained competitive advantage: a resource - based perspective [J]. International journal of human resource management, 1994, 5 (2): 301 - 326.

[348] Wright P M, Snell S A. Toward an integrative view of strategic human resource management [J]. Human resource management review, 1991, 1 (3): 203 - 225.

[349] Xing Y, Liu Y, Tarba S Y, et al. Intercultural Influences On Managing African Employees of Chinese Firms in Africa: Chinese Managers' HRM Practices [J]. International Business Review, 2016, 25 (1): 28 - 41.

[350] Xu D, Beamish P P W. The Effect of Regulative and Normative Distances on MNE Ownership and Expatriate Strategies [J]. Management International Review, 2004, 44 (3): 285 - 307.

[351] Xu D, Meyer K E. Linking theory and context: Strategy research in emerging economies [J]. Journal of Management Studies, 2013, 50 (7): 1322 - 1346.

[352] Xu D, Pan Y, Beamish P W. The effect of regulative and normative distances on MNE ownership and expatriate strategies [J]. Management International Review, 2004: 285 - 307.

[353] Xu D, Shenkar O. Institutional distance and the multinational enterprise [J]. Academy of Management Review, 2002, 27 (4), 608 - 618.

[354] Yamazaki Y, Kayes D C. An experiential approach to cross - cultural learning: A review and integration of competencies for successful expatriate adaptation [J]. Academy of Management Learning & Education, 2004, 3 (4): 362 -379.

[355] Yan Z J, Zhu J C, Fan D, et al. An institutional work view toward the internationalization of emerging market firms [J]. Journal of World Business, 2018, 53 (5): 682 -694.

[356] Yang I, Horak S. Emotions, indigenous affective ties, and social network theory - The case of South Korea [J]. Asia Pacific Journal of Management, 2018.

[357] Youndt M A, Snell S A, Dean Jr J W, et al. Human resource management, manufacturing strategy, and firm performance [J]. Academy of management Journal, 1996, 39 (4): 836 -866.

[358] Zaheer K S. Organizational Legitimacy under Conditions of Complexity: The Case of the Multinational Enterprise [J]. Academy of Management Review, 1999, 24 (1): 64 -81.

[359] Zhang J C, Ling W Q, Zhang Z Y, et al. Organizational commitment, work engagement, person - supervisor fit, and turnover intention: A total effect moderation model [J]. Social Behavior and Personality: an international journal, 2015, 43 (10): 1657 -1666.

[360] Zhao X, Lynch Jr J G, Chen Q. Reconsidering Baron and Kenny: Myths and truths about mediation analysis [J]. Journal of consumer research, 2010, 37 (2): 197 -206.

[361] Zhu C J, Thomson S B, Cieri H D. A retrospective and prospective analysis of HRM research in Chinese firms: Implications and directions for future study [J]. Human Resource Management, 2008, 47 (1): 133 -156.

附　录

主要量表展示

外派人员调查问卷

（此问卷由公司在国外的外派人员填写）

您好！非常感谢您能参与此次调研。本问卷的目的是研究如何改进对外派人员的管理和服务，优化公司的人力资源战略。请您逐一填答所有题项，题项答案无所谓对错，结果仅用于学术研究，不会涉及您的个人隐私和企业机密，请放心回答。感谢您的支持！

项目	非常不同意			非常同意	
跨文化能力					
1. 我主动与当地人交往	1	2	3	4	5
2. 我能与当地人深入交流和讨论问题	1	2	3	4	5
3. 我能消除与当地人之间的误会	1	2	3	4	5
4. 在多元文化中也能有效地选拔和培养人才	1	2	3	4	5
5. 我能有效地激励多元文化团队	1	2	3	4	5
6. 我能公正地评价多元文化团队成员的工作	1	2	3	4	5
7. 我能有效地促进陌生人和不同文化背景的人分享信息	1	2	3	4	5
8. 我能根据文化环境的不同而调整管理方式	1	2	3	4	5
组织承诺					
1. 我在同事不在时能主动承担起同事的职责	1	2	3	4	5
2. 我在同事忙时能主动帮忙	1	2	3	4	5
3. 我能主动替领导分忧	1	2	3	4	5
4. 我主动帮助新来的员工	1	2	3	4	5
5. 我能跟同事信息共享	1	2	3	4	5
6. 我经常利用上班时间干自己的事	1	2	3	4	5

续表

项目	非常不同意			非常同意	
7. 我喜欢抱怨	1	2	3	4	5
8. 我关心并保护公司的利益	1	2	3	4	5
工作角色转变					
1. 在子公司我的发言权升高	1	2	3	4	5
2. 在子公司我的职位升高	1	2	3	4	5
3. 在子公司我的工作种类更多	1	2	3	4	5
4. 在子公司我学习新技能	1	2	3	4	5
5. 在子公司我使用新的管理工具	1	2	3	4	5
6. 在子公司我与当地人交往增多	1	2	3	4	5
7. 在公司总部变得更加尊重我的意见和建议	1	2	3	4	5
工作责任转变					
1. 我现在的工作挤占了我休息的时间	1	2	3	4	5
2 我现在的工作会给我带来挫折	1	2	3	4	5
3. 我觉得自己能力不足	1	2	3	4	5
4. 我现在的工作让我感到精疲力尽	1	2	3	4	5
组织支持感					
1. 公司总部为外派人员的工作成绩感到自豪	1	2	3	4	5
2. 公司总部对外派人员十分关心	1	2	3	4	5
3. 公司总部重视外派人员对它的贡献	1	2	3	4	5
4. 公司总部很尊重外派人员的意见和建议	1	2	3	4	5
5. 公司总部对外派人员毫不关心	1	2	3	4	5
6. 如果外派人员有需要，总部很愿意提供帮助	1	2	3	4	5
工作幸福感					
1. 我在工作中有明确目标和计划	1	2	3	4	5
2. 我感到我在工作中有发言权并能影响相关决策	1	2	3	4	5
3. 我的工作使我有机会发挥自己的特长	1	2	3	4	5
4. 我现在感觉不错	1	2	3	4	5
5. 公司为我提供便利使我能做到工作和家庭两不误	1	2	3	4	5
6. 我现在的工作时间和工作模式很适合我	1	2	3	4	5
7. 我最近一直很开心	1	2	3	4	5
8. 我做得好的地方都能得到领导的认可	1	2	3	4	5

续表

项目	非常不同意			非常同意	
9. 我很满意我现在的生活	1	2	3	4	5
10. 公司鼓励我学习新技能	1	2	3	4	5
11. 公司满足一切工作需要以便我能有效地开展工作	1	2	3	4	5
12. 我目前的生活在很多方面都比较理想	1	2	3	4	5
13. 我有一个安全的工作环境	1	2	3	4	5
14. 总体上我目前各方面都比较顺利	1	2	3	4	5
15. 我很满意我的职业发展	1	2	3	4	5
16. 我经常感到工作压力太大	1	2	3	4	5
17. 我满意我的工作环境	1	2	3	4	5
18. 我对我的工作总体上感到满意	1	2	3	4	5
外派适应					
1. 您对海外工作的适应情况	1	2	3	4	5
2. 您与当地同事的合作	1	2	3	4	5
3. 您对当地交通的适应情况	1	2	3	4	5
4. 您与当地其他公司的交往与合作	1	2	3	4	5
5. 您对当地饮食的适应情况	1	2	3	4	5
6. 您对当地气候的适应情况	1	2	3	4	5
7. 您与当地社区和居民的交往情况	1	2	3	4	5
8. 您对在当地采购的熟悉程度	1	2	3	4	5
9. 您对当地员工的管理	1	2	3	4	5
10. 您对海外生活的适应情况	1	2	3	4	5
11. 您对当地娱乐的适应情况	1	2	3	4	5

公司总部问卷

（此问卷由公司总部分管外派人员的总裁和人力资源经理分别填写）

项目	非常不同意			非常同意	
外派人员高绩效工作系统					
1. 公司尽力选拔最合适的外派人员	1	2	3	4	5
2. 公司看重外派人员的长远潜能	1	2	3	4	5
3. 公司特别重视外派人员的选拔	1	2	3	4	5
4. 公司对所有外派人员都进行系统的培训	1	2	3	4	5

续表

项目	非常不同意			非常同意	
5. 公司的外派人员每隔几年就重新培训一次	1	2	3	4	5
6. 公司有对外派人员正规培训的系统方案	1	2	3	4	5
7. 公司对外派人员进行正规培训以帮助他们内部晋升	1	2	3	4	5
8. 公司的外派人员没有多少内部晋升的机会	1	2	3	4	5
9. 公司的人员晋升更看重资历	1	2	3	4	5
10. 公司对外派人员有明确的职业生涯规划	1	2	3	4	5
11. 公司外派人员的晋升有多种选择	1	2	3	4	5
12. 公司的外派人员有工作保障	1	2	3	4	5
13. 公司外派人员的薪酬与业绩挂钩	1	2	3	4	5
14. 公司总部经常邀请外派人员参与决策	1	2	3	4	5
15. 外派人员在其职权范围内有自主决策的权力	1	2	3	4	5
16. 公司总部与外派人员保持密切的沟通交流	1	2	3	4	5
企业社会责任					
1. 公司与政府官员合作保护公司的利益	1	2	3	4	5
2. 公司重视长远决策以保证充足的现金周转和持续的高投资回报	1	2	3	4	5
3. 公司尽量降低成本	1	2	3	4	5
4. 公司在产品营销时强调产品/生产过程的绿色环保性质，以便跟其他产品相区别	1	2	3	4	5
5. 公司会卖掉废品来创收	1	2	3	4	5
6. 公司取得了产品质量认证（如 ISO9000）	1	2	3	4	5
7. 公司重视构建履行社会责任的产业链	1	2	3	4	5
8. 公司重视对副产品的回收利用技术以获取更多利润	1	2	3	4	5
9. 公司员工参与公司决策	1	2	3	4	5
10. 公司重视员工的家庭与工作相平衡，而非只强调工作	1	2	3	4	5
11. 公司在员工培训和发展方面的投资	1	2	3	4	5
12. 公司追求公平，不歧视残疾人和女性员工	1	2	3	4	5
13. 公司重视改善员工的健康与安全	1	2	3	4	5
14. 公司积极从事慈善事业（如慈善捐款）	1	2	3	4	5

续表

项目	非常不同意				非常同意
15. 公司积极赞助社区的发展	1	2	3	4	5
16. 公司在投资决策时重视所有相关方的利益	1	2	3	4	5
17. 公司定期审计评估公司生产活动对自然环境的影响	1	2	3	4	5
18. 公司把生态环境的影响作为采购的一项标准	1	2	3	4	5
19. 公司重视对员工的环保培训	1	2	3	4	5
20. 公司重视减少废弃物的排放及治理	1	2	3	4	5
21. 公司重视对废水的回收利用	1	2	3	4	5
22. 公司重视提高能源效率	1	2	3	4	5
23. 公司尽量减少对危险化学品的使用，尽量使用危害少的替代品	1	2	3	4	5
24. 公司重视对危险废弃物的分离处理	1	2	3	4	5
25. 公司取得了环保认证（如 ISO14000）	1	2	3	4	5
26. 公司在设计产品及生产过程中尽量减少整个产品生命周期对环境生态的影响	1	2	3	4	5
总部国际化承诺					
1. 公司为“走出去”（海外投资）投入了相当多的资源	1	2	3	4	5
2. 公司在海外的业务是长期的	1	2	3	4	5
3. 公司在做预算时会优先考虑海外业务	1	2	3	4	5
4. 公司认为国内业务比国际业务更重要	1	2	3	4	5
5. 公司没有增加国际业务的计划	1	2	3	4	5
6. 公司积极在国际市场上寻找机会	1	2	3	4	5
总部本地化承诺					
1. 公司管理层积极推动海外子公司本地化	1	2	3	4	5
2. 公司有明确的海外公司本地化目标	1	2	3	4	5
3. 公司有明确具体的海外公司本地化计划	1	2	3	4	5
4. 公司的海外公司主要依靠当地经理人和员工	1	2	3	4	5
5. 公司投入大量精力和资源努力实现海外公司本地化	1	2	3	4	5
6. 公司努力培养本地经理人来取代公司的外派人员	1	2	3	4	5

其他基本信息

1. 您的职务是（请选择一项） □高层管理人员 □中层管理人员 □一般管理人员 □基层管理人员 □技术人员 □生产、服务人员 □其他（请注明）__________	6. 贵公司成立于__________年
	7. 公司的员工总数约为__________人
	8. 公司的 CEO 是否有海外工作经历
	9. 公司高管中约__________%有海外工作经历
	10. 公司现有外派人员约__________人
2. 您的年龄__________岁	11. 2013 年公司的资产回报率约为__________
3. 您的最高学历__________	12. 公司在__________个国家/地区有投资
4. 您的公司是 □国有企业 □民营企业 □上市公司 □股份公司 □其他（请注明）__________	
5. 公司所属行业__________	

【问卷到此结束，十分感谢】